陳晉

著

問答中國

只要路走對，誰怕行程遠？

目　錄

第一章

閱讀

讀懂中國，難在哪？

看了採訪提綱，一共 11 個問題，沒有一個是文學問題，全都是政治問題。……提綱中有一個問題：是不是共產黨安排你去當一個作家？我告訴他：不是，據我了解，共產黨沒有安排哪一個人去當作家。

——麥家（中國作家）

帶給世界的 "意外"

◇◇◇◇◇◇

問　這些年在中國採訪了不少人，也閱讀了一些對外宣傳的讀物，感覺受訪者很介意充滿疑問的訪談者或讀者，能不能讀懂中國。

答　任何國家都希望別人讀懂自己。我們感覺，某些國際輿論的議論和判斷，不是真實的中國。

◇◇◇◇◇◇

問　所以要加大對外宣傳。但 "宣傳" 這個詞，不見得是個好提法。人們會覺得，中國只對外塑造自己成功的形象，或試圖讓別人接受自己的價值理念。

答　沒有哪個國家不重視自己形象的塑造。關鍵不在於是不是用 "宣傳" 這個概念，而在於講的事情是不是 "真" 的，講的道理是不是 "對" 的，講的方式是不是 "巧" 的。西方媒體推崇的是：好的宣傳，看起來是從沒有發生；好的宣傳，是讓宣傳對象沿著媒體希望的方向行進，而他們卻認為是自己在選擇方向。

不管是叫 "宣傳"，還是叫 "傳播"，或者叫 "對話" "交流" "討論""介紹",無非都是一種表達。即表達所見所聞,表達所思所想,這就是內容。傳播領域講"內容為王",至於人們是接受還是拒絕,是改變原來的觀點還是無動於衷,都沒有關係,起碼會由此獲得繼續閱讀中國的參考素材。

◇◇◇◇◇◇

問　　　我們現在開始的問答,就叫對話吧。讀懂中國是件很難的事。中國一路走來的歷史軌跡,常常在一些節點上出乎國際輿論的判斷和預期。

我們就從第二次世界大戰以後說起吧。

抗日戰爭勝利後,誰能夠想到,受到美國支持的國民黨政權,後來會敗在軍事實力不足它五分之一的共產黨手裏,以至於美國人不得不討論到底是誰丟失了中國。

中國共產黨建立這個新的國家時,美聯社的一位記者從香港發出一則電訊預測:"這個國家太大了,又窮又亂,不會被一個集團統治得太久,不管他是天使、猴子,還是共產黨人。"不料,新中國只用三年時間就恢復了經濟,這期間還在朝鮮同以美國為首的"十六國聯軍",打了一場當時沒有人會看好中國的戰爭。

在以美國和蘇聯為首的世界冷戰格局中,中國站在蘇聯一邊,也就站到了西方的對立面。不料後來和蘇聯鬧翻。而和美國關係的改善,竟然是從 1971 年和美國打乒乓球開始的,西方輿論說,這是"用乒乓球改變了世界"。

1978 年,調整政策,搞改革開放,實現了"歷史轉折"。當時,幾乎沒有人預料到,中國會發生世界歷史上沒有見過的"魔術"般變化,成為今天這個樣子。

20 世紀 80 年代末到 90 年代初，東歐社會主義國家發生劇變，蘇聯解體了。中國國內也發生了那麼大的政治風波，西方世界開始實行經濟制裁，實際是封鎖。有人覺得西方 "不戰而勝"，有人說是世界走向 "歷史終結"，都以為中國堅持不下去，社會主義是搞不成了，發展道路會發生改變。結果，中國不僅挺過來了，而且發展得越來越自信，讓 "科學社會主義在 21 世紀煥發生機"。

2001 年加入世界貿易組織，全面融入世界市場。在經濟全球化浪潮面前，國際輿論認為中國政治和社會也會發生西方樂見的 "自由化"，這個預測至今沒有應驗。

2008 年出現金融危機，讓整個世界面臨發展難題。在 2010 年前後，不少人覺得，中國將遭遇經濟崩潰，這樣的事依然沒有發生。隨後幾年，反而雄心勃勃倡議建設 "一帶一路"，目前搞得風生水起。

2018 年，美國對華發起貿易戰後，雙方關係陡然惡化。美國是強勢一方，給中國造成的困難顯而易見。不曾料到，中國的應戰方式是把對外開放的大門開得更大，發起一個國際進口博覽會，讓世界各國的產品大規模進入自己的市場。

2020 年年初，中國遭受新冠肺炎疫情襲擊，封閉了一個上千萬人口的大城市。當時誰能知道會是中國率先克服疫情的困擾，成為當年世界主要經濟體中唯一實現經濟增長的國家呢？

列出這麼多 "意想不到"，有些像一部歷史書。"二戰" 以後中國的發展軌跡，似乎就是一部讓人琢磨不透、潛藏許多 "秘訣" 的歷史書，讀懂它確實不易。

我拋出這麼多疑問，是希望通過對話，尋找一些答案。

 你擺出的這部 "當代中國史"，某些章節可能連中國人都未必深入了解。但總體上看，歷史演變的大邏輯，在中國人看來是清晰的，並不感到意外。西方輿論意想不到，可能在方法上有問題。

西方政治家、學者和新聞記者，比較習慣於用 "理論" 而不是 "事實" 來推斷中國走向，而這些 "理論" 基本上是從西方的事實和邏輯中得出來的。比如——

從西方經濟學和人口學的角度進行預測，認為中國無論怎樣努力做，都無法養活這麼多人口。

從東西方冷戰的政治邏輯出發，認為中國既然沒有選擇西方，那它就是天然的對手或敵人，勢必會像蘇聯那樣被搞垮。

按照西方政治學家提出的 "歷史終結論" 來預測，既然蘇聯都已經解體 "投降"，人類的歷史將 "終結" 在資本主義社會，仍然堅持搞社會主義，哪裏還有前途呢？

根據西方發展經濟學中的 "中等收入陷阱" 理論，預測中國雖然經濟上發展很快，但前面注定會有個 "陷阱" 在等待著它，它是跨不過去的，早晚會 "崩潰"。

從古希臘歷史中尋求論據，用 "修昔底德陷阱" 來推斷中國對世界必然產生威脅，早晚會和美國之類的國家來一場 "決戰"。

從 "文明衝突" 理論的角度，設想中國和西方的衝突不僅是必然的，而且關乎西方文明的未來，於是中國必然是西方文明世界的 "公敵"。

採用這些來自西方的 "理論" 來 "閱讀"，難免會成為 "政治想象" 或 "政治預期"，和中國發展的真實面貌是兩張皮，自然會成為 "意外"。

讀不懂，多半是因為一些人把他們接受的 "理論"，轉化成了閱讀中國時難以割捨的立場，形成先入為主的判斷。

因此，站在甚麼立場來閱讀，還是很重要的。

從兩位作家的遭遇說起

◇◇◇◇◇◇

問 **解釋一下你說的閱讀 "立場"。**

答 先說前幾年兩位中國作家，分別在西方輿論界的真實遭遇。

科幻小說作家劉慈欣，因為出版有長篇小說《三體》"三部曲"，在 2015 年獲得世界科幻大會頒發的 "雨果獎"。2018 年 10 月，德國《時代周報》記者在法蘭克福書展期間採訪劉慈欣時，沒有得到自己想要的東西，於是評論說：

> 現在我們看清楚了，劉慈欣不過是個暢銷書作家而已，而不是個政治思想者，你不能期待他在德國酒店大堂裏向德國媒體表達甚麼對中國政府的異議，如果他這樣做就太蠢了，因為中國政府正在把他包裝成文學界的明星，中國官方的喉舌如《人民日報》，把劉慈欣描繪成 "像鳳凰的羽毛一樣稀少的那類作家"（估計原文是鳳毛麟角）。在官方宣傳的包裝下，他可以在作品中書寫一些科幻性的，飽含人類命運憂患意識的太空科學家，但我們要再次強調：劉慈欣根本不是一個社會批判者，也不是一個公共知識分子。

　　無獨有偶。有個專門寫懸疑小說的作家，叫麥家。其作品《解密》《暗算》改編成電視劇後，他被稱為中國的"諜戰劇之父"。像美國的 FSG 這類作家們很推崇的出版社，也出版過他的作品，發行量不錯。2019 年 9 月 20 日，麥家在《環球時報》發表的一篇文章，記述了他在德國參加一次文學活動期間的有趣遭遇：

　　　　有一名德國媒體的記者來採訪我。我看了採訪提綱，一共 11個問題，沒有一個是文學問題，全都是政治問題。我問他：你來採訪我，是把我當成一個作家還是政治人士？對方說，作家也是政治人士。我告訴他：第一，這不是我想象中客觀平等交流的採訪報道。第二，這些問題很幼稚，我不接受這種幼稚的採訪。那名記者說，如果你不接受採訪，這本身就是一種採訪，這是一種怯懦或者懼怕壓力。我告訴他：我根本沒有壓力，我是擔心你不理解我的意思。比如提綱中有一個問題：是不是共產黨安排你去當一個作家？我告訴他：不是，據我了解，共產黨沒有安排哪一個人去當作家。我一一回答並向他解釋了這 11 個問題。在採訪過程中，他的態度漸漸有了變化，他慢慢地理解了我，甚至對中國有了更多理解。他最後還總結了一句話："我發現，當要談論中國的時候，還是應該跟中國人來談論。"

　　兩位媒體記者的提問和評論，有種讓人感覺怪異的邏輯：在中國，作家必須是"政治人士"，似乎連誰去當作家，都可能是由政府決定和安排的；如果不表達"對政府的異議"，不接受採訪，正說明作家們時時處處受到壓制，沒有言論自由。

　　這樣的推論，出自採訪前就已經"固化"的立場和觀點。比較起來，採訪麥家的那位記者似乎可愛一些，在了解了一些信息後，覺得了解中國，"還是應該跟中國人來談論"。

◇◇◇◇◇◇

 看來，了解了一些信息後，也是可以逐步讀懂的。

答 有兩句古詩，"橫看成嶺側成峰，遠近高低各不同"。中國是一道"山嶺"，還是一座"山峰"，這是觀點；"橫看"還是"側看"，就是立場。

觀點是由立場決定的。對同一件事，理解還是不理解，是意料之內還是意想不到，通常情況下有兩個原因：掌握信息有差異，根本立場有不同。不了解某件事的全貌和本質，有可能對它的發展軌跡和結果會感到意外；既不了解那件事的全貌和本質，又有先入為主的立場，那麼，真相帶給他的意外，就會更大。

在政治家的決策中，我們甚至還可以看到這樣一種現象：對某件事情，即使兩個政治家掌握的信息完全一樣，他們仍有可能作出不同的判斷和選擇。這就是立場。

當然，也有人會把"立場"當作"預見"和"希望"來堅守。

有個叫章家敦的美籍華人，2001 年出版一本《中國即將崩潰》，還上了《紐約時報》的暢銷書排行榜。他斷言，中國短時間內就會"崩潰"。2002 年，他一看還沒有崩潰的跡象，又在香港特區的一個演講中說，崩潰的時間推遲到 2010 年。結果，正是 2010 年，中國經濟規模超越了當時世界上第二大經濟體日本。

20 年過去了，還沒有崩潰，章家敦的認知，也沒有改變。或許，固化的立場，使這類"讀者"假裝看不見真相，甚至已經不需要認真閱讀中國了。

◇◇◇◇◇

問 我還是覺得，了解信息是很重要的。執政德國 14 年至今還在台上的總理默克爾女士，曾經 12 次訪問中國，而且習慣上是訪問北京後總要到別的城市走一走看一看。2019 年 9 月，她在武漢訪問時說："儘管我們的制度完全不同，但我必須說，中國正在做很多建設性工作，以便讓民眾從較為貧窮的生活水平進入中產階層。"她還說："我們當然抱有不同的政治觀點，這根本不是問題。"

答 了解信息確實重要。默克爾總理的閱讀方式說明，即使站在自己的立場上看問題，只要不偏執和傲慢，也會得出比較理性和客觀的結論。政治觀點不同，立場不同，並不會妨礙人們去認真了解自己不太熟悉的國家和人民。

當然，掌握信息，閱讀中國，也有個方法和角度的問題。

擔任過法國政府總理的拉法蘭先生，自 20 世紀 70 年代以來，到訪中國 100 多次，把他了解到的信息和自己的判斷，寫進《中國廣角》《一帶一路規劃大事件》和 2019 年出版的《中國悖論》。2001 年我在法國採訪他的時候，他曾簽名送給我一本他寫的關於時任總理朱鎔基的書。他的閱讀方式，是頻繁和持續的觀察，看大局和走勢。

拉法蘭的《中國悖論》說：對許多歐洲人來說，中國是一大威脅，這是由於歐洲對這個複雜又看似自相矛盾的東方國家缺乏了解。定義中國是發展中國家還是發達國家，從不同角度可以得出不同結論。"中國擁有集權的政體，但地方政府也擁有很大權力；污染問題十分嚴重，但同時是世界清潔能源領域的領軍者；是全球第二大經濟體，但人均收入僅排第 82 位，在智利和保加利亞之後。"因此，"在這個複雜的國家，每當我慶幸自己對中國的認識又進了一步時，卻在接下來的幾小時內看到相反的一面"。

看來，要義在看中國的全局和走向，看成長和發展，看內部複雜甚至矛盾的故事。基本觀點應該來自基本事實，而不是個別事實。從個別事實中可以推導出自己想要的結論，但這樣的結論常常是不可靠的。

拉法蘭是否讀懂了中國，見仁見智；他的閱讀立場和方法，卻不失為一條有效途徑。中國人並不認為自己國家一切都好，不介意別人定義成一個複雜甚至矛盾的國家。

為甚麼會 "橫看成嶺側成峰"

◇◇◇◇◇◇

問　要讀懂一個曾經陌生，現在也不算太了解的國家，即使擁有足夠信息，甚至轉換立場，也難實現。因為各國都有自己的利益所在，還受其文明和價值觀的支配。

答　確實。閱讀中國，為甚麼會有不同立場？秘密在於閱讀者的利益需求和價值觀支配。

中西方雖然有利益分歧，但畢竟存在不小的 "利益匯合點"。如果有尋求和擴大 "利益匯合點" 的想法，閱讀中國，無論是 "橫看成嶺" 還是 "側看成峰"，各種觀點都是可以討論的。

現在的問題是，許多關於中國發展起來後一定會對世界形成威脅的言論，靠的是將來一定會怎麼怎麼樣的假設，也沒有拿出中國在歷史或現實中，確實給別人帶來傷害的證據。看起來，這屬於被 "假設" 的利益驅動，導致不負責任的 "誤讀"。

◇◇◇◇◇◇

問　按西方的歷史邏輯，每一個大國的崛起，總會不斷拓展延伸它的利益邊界，擔心中國的發展導致自身利益受損，是可以理解的。

中國的發展，引發別人擔心，雖屬人之常情，但畢竟不宜把"擔心"作為閱讀的出發點。

　　拉法蘭出版《中國悖論》後，法國電視台《政治節目》的主持人問他："您的描述讓人覺得中國人都是愛好和平與對話的'天使'，他們被誤解了。中國深入投資非洲、收購歐洲港口等做法不正是'侵略性擴張'嗎？"

　　拉法蘭以他的方式回答說："中國當然要謀求發展，要保障自身利益。您能找到一個不尋求維護自身利益的國家嗎？中國在歷史上從來不是好戰者，參與戰爭是因為先被侵犯。中國人發現非洲比歐洲人早，但從未殖民非洲。中國也從未主張擴張主義、軍事帝國主義等。所以，恐懼中國才是最糟糕的事。"

　　是不是有些奇怪？如果把投資非洲、收購歐洲港口這類正常的商業活動視為"侵略性擴張"，那又該怎樣解釋發達國家在發展中國家比比皆是的"深入投資"呢？又該怎樣解釋歐美國家的企業和資本在中國市場的許多收購之舉呢？沒來由的不合常理的利益"擔心"，難免生出沒來由不合常理的誤讀。

　　把中國當朋友，不一定成為盟友，但肯定不會成為敵人。中國發展向世界拓展延伸的方式，從來是競爭而不對抗，結伴而不結盟。如果把中國當敵人，很可能就真的在自己的想象世界裏創造出一個"敵人"，往現實世界看去，滿眼都會是這個"敵人"的影子。

　　中國有句成語，叫"鄰人疑斧"。是說有人丟失了一把斧頭，他懷疑是鄰居家兒子偷的，於是便仔細觀察，發現這小夥子走路的姿勢，說話的聲音，面部的表情，都像是小偷。不久，他在自家屋子裏發現了那把斧頭，再觀察那個疑似偷斧頭的小夥子，覺得走路的姿勢，說話的聲音，面部的表情，都很正常，不像是小偷。

　　一些人閱讀中國，是不是有些像這個以為丟失斧頭的"鄰居"呢？

⬦⬦⬦⬦⬦

問 現在說說影響讀懂中國的價值觀。

我的感覺是，現在的西方政壇、媒體及智庫的骨幹，都是第二次世界大戰後出生的，他們認識和判斷事物的思維方式和價值標準，和經歷過"二戰"的老一代人，已經有明顯區別。

因為有"二戰"的傷痛，老一代人在看待異己的事物時，通常是"求同"先於"存異"，"競爭"多於"硬撞"，搞好自己的事重於干預別人的國，尋找盟友多於樹立敵人。這就是美蘇"冷戰"將近半個世紀，終究沒有演變成世界性"熱戰"的原因。1962年古巴導彈危機，在千鈞一髮之際，美蘇兩個超級大國也能夠相互妥協。

西方今天的某些精英，多少改變了先輩們的處事方式。維護自身利益和價值觀，更傾向於"零和"博弈，重"存異"輕"求同"。如何"存異"，如何"求同"，也偏於實用主義。這就導致價值標準不確定，有時候甚至自相矛盾。在閱讀中國的時候，容易採用兩套價值標準，對中國一套，對自己一套，結果是出現"先天性誤讀"。

比如，關於中國的制度體系和治國理政方式，表面上是西方關注的焦點，實際上可能是一個盲點。因為對己對人是兩套價值觀，雖然在關注，但難免是霧裏看花，最終看到的只是自己願意看到的。

價值觀支配的閱讀，自然會預設前提和標準，容易形成這樣一種閱讀邏輯：中國雖然也在現代化過程中，但採用的制度、擁有的文明、實現發展的道路，和西方的現代化模式不一樣，不符合西方的價值準則，是個異類。所以，我們不信任你，要質疑你。

⬦⬦⬦⬦⬦

問 這個指控可能很嚴重，能舉個例子嗎？

2019 年，香港黑衣暴徒衝進香港立法會機構，美國一位政治家說是“一道亮麗的風景”。

2021 年，特朗普擁護者衝進美國國會大樓，還是這位政治家，又說是“對民主的無恥攻擊”。

同樣一座山，橫看，是綿延的山嶺；側看，它變成了孤立的山峰。

◇◇◇◇◇◇

 看來，這裏面會有很多故事。

有幅傳播很廣的照片，貌似一名香港警察躲在牆角打冷槍。看起來好像是這麼回事，“有圖有真相”。但“真相”被不久公佈的同一位置的俯拍全景照片揭穿：一個警察在孤零零地執行公務，周圍擠滿了 100 多個記者，所有的鏡頭都對準這名警察，就是沒有一個對準前方的暴徒。人們只看見自己想要看到的東西，而作為記者，只報道自己想要報道的東西，就有些黑色幽默的感覺了。

合法的遊行集會參與者，一般都不會故意隱瞞身份，或者把自己的臉蒙起來不讓別人看見。否則，會容易滋生犯罪意圖，放縱犯罪行為。幾乎所有的西方國家都有禁止蒙面的法律，美國早在 1845 年就制定了禁止蒙面的法律。最嚴屬的是加拿大，違反“禁蒙面法”的人最高可處 10 年監禁。中國香港特區政府 2019 年制定《禁止蒙面規例》時，美國等西方國家卻告訴香港特區政府，不得通過這部法律，而且語帶威脅。

我感覺，“閱讀”中國，如此使用雙重價值標準，如果誠實，內心應該會有糾結和不安。因為它傷害了民主自由的崇高含義。

中國人的耐心和信心

 面對西方的輿論氛圍，是不是感到委屈？

答　　無所謂 "委屈"。中國的文化軟實力，在國際輿論上的主動權，還沒有上來。西強東弱、西強中弱的輿論格局，在相當一段時間裏難以改變。

　　早些年就流行一種說法，近代以後，中國似乎注定要經歷三個階段，捱打 —— 捱餓 —— 捱罵。為擺脫第一種處境，中國人搞革命，經歷了一個世紀（1840 — 1949），建立新中國，不再捱打；為擺脫第二種處境，中國人搞建設，搞改革開放，通過持續發展，用了 70 年左右的時間（1949 — 2020），全面建成小康社會，消除絕對貧困，不再捱餓；目前，中國處在力求擺脫第三種處境的階段。對此，我們有心理準備，有歷史的耐心。

 有甚麼樣的心理準備？

答　　就是不指望短時間內能夠化解 "捱罵" 狀態。關鍵是要辦好國內的事情，辦好自己的事。一是要切實改進和完善一些不足的地方，包括 "罵" 者們指出的一些確實應該糾正的問題。二是要穩定發展，不出大的亂子，對外始終堅持走和平發展道路。讓歷史來證明，中國的進步是不可遏制的，中國的發展是對世界有好處的。到一定時候，那些有意 "誤讀" 的人，心態和想法自然會出現變化，我們無端捱 "罵" 的情況會少一些。

⬦⬦⬦⬦⬦

問　如此漫長的歷史安排，真的是有歷史的耐心。中國太複雜，因為從頭到腳似乎都長著讓西方感覺陌生甚至隔膜的樣貌，還有一股很自信的 "精氣神"。這樣的國家形象，似乎又增加了讀懂的難度。

答　其實，人有時候也需要讀懂自己。

⬦⬦⬦⬦⬦

問　你認為中國人讀懂自己也是件難事？

答　起碼是件不容易的事。講述中國，有兩種現象值得注意。

一種是 "妄自尊大"。以為自己樣樣都了不起，不大願意談不足和缺點，包括已經發生和可能發生的各種風險挑戰。實際上，多年的持續發展，把中國帶到了一個沒有先例可循的位置。"發展起來以後的問題不比不發展時少"，這是改革開放總設計師鄧小平在晚年的一個預見。今天的中國，需要有憂患意識。

　　一種是"妄自菲薄"。新中國成立以來，經過幾代人的持續努力，面貌和過去大不一樣。就像一個人，個子長高了，穿在身上的舊衣服顯得很小，如果他對人說：看，我穿的還是小孩衣服，還沒有長大呢！這就是妄自菲薄，是一種不自信的表現。實際上，別人看著你鼓鼓囊囊的身體，不僅不相信你說的，還覺得你很不誠實，顯得滑稽。

　　知識界也在爭論鄧小平提的"韜光養晦"需不需要繼續堅持。如果這個概念指的是不稱霸，不自以為是，不說大話，不干預別國內政，不在世界上當老大，不惹事不生事，不動搖辦好國內事情的戰略定力，那麼，是應該繼續堅持的。

　　如果把"韜光養晦"理解為故意矮化自己，以無所作為來躲過長大以後必然面對的壓力和責任，或者為了緩解壓力、減輕責任，甘願放棄自己的核心利益，那肯定是不現實的，也沒有必要。這是"庸俗的謙虛"，反倒讓別的國家的人民看不起，或者引起別人更多的猜疑。

　　我們面對的壓力，有的可以通過靈活的方式來處理，有的是無論怎樣靈活都無濟於事。在別人不講道理、不顧一切擠壓你的時候，你如果不維護自身的正當利益，還以"韜光養晦"自詡，恐怕連普通老百姓都會起來反對你。

◇◇◇◇◇◇

問　　你既反對"妄自尊大"，又反對"妄自菲薄"，豈不是典型的"中庸之道"？看起來不偏不倚，實則沒有立場。

答　　這不是立場問題，是有沒有自信的問題。自信不是"妄自菲薄”，當然也不是“妄自尊大”。只有用“不偏不倚”，中庸理性的態度來面對壓力和責任，進而和別人誠懇對話，才可能讓其他人看到一個真實的中國，進而去讀懂它。

◇◇◇◇◇◇

問　讀懂中國，還有甚麼障礙？

答　對外話語表達。由於中國和西方缺少文化默契，容易顯得有隔膜。比如，我們常說西方誤讀和評判中國，是“刻舟求劍”，是“削足適履”，包括我前面說的“鄰人疑斧”，有點文化的中國人一聽都懂，覺得非常恰當而且含蓄幽默，但外國人聽了則莫名所以，把它們翻譯過去，需要好幾段話，而且味道也會變許多。

有的對外傳播交流，描述中國，特點是嚴肅、大氣、準確、鮮明，這是需要的。不足是缺少實感，容易讓聽者、讀者失去耐心和興趣。遇到“異見”強烈的人，還會說你這是文件語言，顯得空洞；遇到那些不搞政策研究的西方人，會認為你沒有在講真實的中國。

中國經常面臨這樣的“輿論困境”，哪怕講的內容是真實的，由於有隔膜，仍然不能在第一時間把消息傳遞出去。於是，“真理還在穿鞋的時候，謠言已經跑遍天涯”。

◇◇◇◇◇◇

問　有這類對話交流障礙的具體例子嗎？

我們曾經採訪過一位參與中國加入世貿組織談判的官員，他講過一個真實的對話交流出現障礙的事情。談判中，美國代表提出中國的農業補貼問題，回答這個問題的是農業部的一位年輕處長。他按國內的話語方式講"三農"（農業、農村、農民）政策，說中國農民很辛苦，有些農民賣了糧食還拿不到錢，政府打的是"白條"，等等。中國代表團的其他成員很著急，這不是答非所問嗎？奇怪的是，他講完後滿場鴉雀無聲，居然沒有像別的問題那樣追問，這個問題就這麼過去了。

　　為甚麼這樣順利？因為中國的政策話語，先翻譯成英語，再翻譯成法語和西班牙語，其他代表並沒有聽懂，比如"打白條"，一般人根本不知道甚麼意思。不懂，當然也就提不出問題了。

◇◇◇◇◇◇

　　這個例子有意思。在談判中，這或許是僥倖；從對話角度講，的確不算成功。

　　這類事情提醒我們，講好"中國故事"不容易。要避免講冗長的、沒有針對性的、不切實際的話，多講簡短、平實、新鮮的話。新時代中國一直在努力改進。

第二章

訴求
中國願望

共產黨並不曾使用甚麼魔術，他們只不過知道人民所渴望的改變，他們發動了這些改變。

——白修德、賈安娜（美國記者）

在鳥聲擦亮的早晨，我從一滴露珠的睡眠中醒來，看見山還是山，水還是水。大地被季節打掃得乾乾淨淨，而落葉是秋天的信箋，被風蓋上郵戳，吹向遠方。訴說著，寄往春天的相思。

——沈江河（中國農民詩人）

四條街道的 "密碼"

◇◇◇◇◇◇

問　　讀懂中國，人們最先想要弄清楚的是中國到底想要甚麼；追求甚麼；是甚麼樣的驅動力，讓中國人如此發奮地改變自己的面貌。

答　　了解中國想要甚麼，先要知道中國不想要甚麼。

人們要回答的不是一道邏輯題，而是一道歷史題。中國人今天想要甚麼，是因為近代歷史曾經告訴中國，不能有甚麼，應該避免甚麼，在走向未來的行程中應該追求甚麼。

◇◇◇◇◇◇

問　　我知道你要說甚麼。西方人常常不理解，談自己的今天和明天，中國人總喜歡從昨天開始，從近代以來的遭遇說起。

答　　中國人很敬畏歷史。許多時候，他不是從理念來推導未來，而是習慣於從曾經經歷的事情和陷入的處境中來推導未來。今天會怎樣，不是因為 "昨天之後注定會有個今天"，而是靠你在昨天經歷了甚麼遭遇，積累了甚麼經驗來決定的。

中國人不是無緣無故地喜歡談論近代歷史，而是因為近代以來的遭遇，在相當程度上已經沉澱為中國人認識世界、認識自己的基本參照，成為他們"不想要甚麼"的理由，"想要甚麼"的動力。

就說說中國共產黨成立前，人們是怎樣夢想中國的。

直到今天，人們還習慣把中華人民共和國稱為新中國。"新中國"這個稱謂是怎樣來的呢？1888 年，康有為慨歎：中國看來是要亡了，既救之不得，又不忍坐視不顧，怎麼辦呢？我真想乘船去海外居住發展，比如，去"經營殖民地巴西，以為新中國。"

"新中國"畢竟只能建在自己的土地上，而且，很早就有人充滿熱情地去想象和描繪。康有為的學生，著名政論家梁啟超在 1902 年發表了一篇政治幻想小說，叫《新中國未來記》，裏面描述了 60 年後的中國模樣。

對"新中國"構想得更加仔細的，是一位叫陸士諤的上海老中醫。他在 1910 年也發表了一篇小說，名字就叫《新中國》。小說的主人公酒醉後夢遊未來，發現未來的新中國收回了帝國列強設立的"租界"，上海的工人們過上小康日子，不少有錢人把自己的金銀細軟搬到船上運往外國投資。作者還寫到上海有了地鐵，有一座鐵橋跨過黃浦江通向浦東，而浦東到處都在"闢地造屋"。

這些在今天做到的事情，竟然在 100 年前就被這位老中醫"夢想"到了，無意中，把"新中國"想象成為實現歷史願望的應許之地。

他們為甚麼會在 100 年前"夢想"新中國？因為當時的中國實在是跌落到了谷底。他們看到的和遭遇的，是 1900 年的八國聯軍打入北京，是清王朝政府的統治危機四伏，無藥可救。為擺脫舊中國的厄運，他們要夢想未來。

這些夢想的本質，就是中國共產黨的主要創始人李大釗在當時提出的訴求：實現"中華民族之復活"，今天我們稱之為"中華民族偉大復興"。

受李大釗影響的毛澤東，當時提出一個氣魄更大的訴求："改變中國和世界"。果然，今天的中國，迎來世界"百年未有之大變局"。

◇◇◇◇◇◇

問 這些訴求，或許就是中國"想要甚麼"的願望，但還不是很具體。

答 如果沒有具體的步驟，再宏大的願望也實現不了。我們還可以從今天司空見慣的一些現象中，體會一下中國人具體想要甚麼。想必你會發現中國許多城市都有一些相同名稱的街道。

◇◇◇◇◇◇

問 倒也是的。我在好幾個城市裏都碰到叫"北京路"的街道。有一次，我在上海順著西藏中路走著，一拐彎，就到了北京西路，當時感到很好奇，也很困惑，上海的街道為甚麼叫"北京路"。

答 這還不是最典型的。中國城市的街道名稱，重複率最高的有四個：中山路、解放路、人民路和建設路。為甚麼這四種路名的存在感最強？它們潛藏著中國人想要甚麼的"密碼"。

"中山路"，是 1945 年抗日戰爭勝利後，一些城市為紀念中國革命的先行者孫中山設立的，有告慰中華民國"國父"的意思。

"解放路"，主要指代 1949 年左右人民解放軍攻佔各個城市的時候，部隊入城經過的街道，它們大多處於比較繁華的市區。

"建設路"，大多源於新中國成立初期，各個城市大搞工業化建設的時代風氣。像四川成都、河南洛陽的建設路，便得名於一些沿路而建的大型工程項目與工廠企業。

"人民路"，表達的是摒棄舊的社會風俗，迎接人民當家做主的新時代。

江蘇蘇州的人民路最有意思。這條街道先後叫"三元坊""護龍街""中正街"。叫"三元坊"，是為了紀念蘇州在清朝出現的第一位"連中三元"的大才子；叫"護龍街"，是因為清朝乾隆皇帝下江南時，巡視蘇州，蘇州的官員曾經在這條街上集體拜迎。抗日戰爭勝利後，"護龍街"改名為"中正街"，因為當時的國民黨最高領導人蔣介石，字"中正"。1952 年，蘇州這條重要的南北大動脈，決定與封建社會、民國時期的社會元素說再見，改名為"人民路"，以宣告城市的主人是人民。

這些街道名稱，沉澱著幾代人的歷史願望和價值訴求。

"中山路"要表達的是對孫中山領導民主革命、推翻封建王朝、創建共和國的紀念。"解放路"要表達的是 1949 年的巨變，讓中國人民從帝國列強、封建主義和官僚資本主義"三座大山"的壓迫下解放出來了。"建設路"則表達了新中國成立以來的主要歷史任務，就是搞現代化建設。"人民路"表達的是，人民是新中國的主人。

◇◇◇◇◇◇

問　　從普通的街道名稱，讀出這些內涵，聽起來確實有趣。但西方國家似乎並不習慣這樣來閱讀。

這樣閱讀，屬於回到歷史常識。只有了解中國的近代歷史，才能真正理解今天的中國，最不想要甚麼，最想要甚麼。

中國曾經是一個了不起的國家，在以自我為中心的狀態中生存了幾千年。1840 年走入近代歷史，突然遭遇由強而弱的巨大落差。

西方近代的歷史是從兩件事情開始的：文藝復興和地理大發現。前者把人從神的束縛中解放出來，後者是讓解放出來的人通過環球航行，把自己的願望和意志擴張到整個世界。為此，西方創造了征服世界的先進工具 —— 工業文明。這就奠定了近代西方"想要甚麼"的心態：我想要的，能夠得到；按我的模樣塑造世界，可以做到。

中國比歐洲晚了幾百年才走進近代歷史，也是從兩件事情開始的。

一件事叫"花瓶的碎落"。儘管 19 世紀前期中國創造的財富仍然佔到整個世界的 20% 以上，但封建社會的統治方式和社會生產方式，已經遠遠落後於世界發展潮流。當時的中國，就像一個古老易碎的青瓷花瓶，看起來碩大精美，卻經不起外部世界哪怕輕輕的一擊。從 1840 年第一次鴉片戰爭開始，遠道而來的西方"客人"，毫不客氣地對中國實行野心勃勃的征服和掠奪。

再一件事叫"悲情地追趕"。過去中國以為自己是世界的中心，帝國的衰落，突然把它推向一個茫然不知所措的世界窪地。唯一能做的，就是想方設法追趕世界發展潮流。於是，充滿悲情地向國外特別是西方學習，不斷交出昂貴的學費，希望能換取"真經"。

"花瓶的碎落"，讓中國人經歷了各種苦難，從而明白他們最不想要的東西是甚麼。

"悲情地追趕"，讓中國人竭力奮起，從而明白他們最想要的東西是甚麼。

從 "最不想要的" 到 "最想要的"

◇◇◇◇◇◇

問　近代中國，到底告訴你們不想要甚麼和想要甚麼？

答　最不想要的有三樣東西：混亂失序、屈辱壓迫、貧窮愚昧。與此相應，最想要的也是三樣東西：統一穩定、平等自主、富裕文明。

擺脫 "最不想要的"，實現 "最想要的"，合起來，就是 "中國願望"。

這三大願望，像是從昨天發來的三個 "通知"，每一個 "通知" 既是訴求，又是使命。由於近代以來中西方發展水平落差太大，中國對這三個訴求，比任何一個國家都要敏感和強烈；實現使命的過程，也顯得格外曲折和劇烈。

◇◇◇◇◇◇

問　先說說擺脫混亂失序、追求統一穩定的願望。

答　從 1840 年到 1949 年，在 100 多年的時間中，中國長期處於戰亂之中。看起來是大一統的國家，實際上已經是一盤散沙。人口雖然多達 4.5 億，比當時歐洲的人口總和還要多，但控制中央政權的統治者缺少社會動員和組織能力，全社會缺少凝聚力，極度混亂，由此讓國家失去許多尊嚴和自信。

1911 年推翻清王朝政府，建立中華民國。但各地卻由軍閥把持，沒法統一和穩定，人們看不到扭轉混亂局面的希望。

從 1912 年到 1949 年，中華民國這個國號叫了近 40 年。1928 年之前，控制北京中央政權的軍閥首領，像走馬燈一樣不停地變換。出任過總統或國家首腦的有 7 個人，當過政府總理的有 26 個人。政府內閣變動次數就更多了，據不完全統計有 47 次，其中最長的存在 17 個月，最短的只有兩天。亂世英雄起四方，有槍便是草頭王。地方政權，經常是大大小小的“土皇帝”之間紛爭不已，都是靠槍桿子說話。

國民黨 1928 年在形式上統一了中國。從中央到地方，卻分成許多派系，相互之間時常兵戎相見。統治山西近 30 年的軍閥閻錫山，把山西境內的火車鐵軌修得窄一些，起到了防止外省勢力侵入的作用。四川軍閥多如牛毛，大的佔一二十個縣，小的佔幾個縣。每個“佔地為王”的軍閥，為了證明自己的勢力，都要各搞一套“大而全”的東西。比如，除了中央政府有自己的海陸空三軍體系外，割據東北、廣東的軍閥，也有自成體系的海陸空部隊，連只擁有四川十幾個縣的一個軍閥，也自稱海陸空三軍司令，只是因為他購買了幾架飛機。

亂局帶來的不光是國家政治悲劇、經濟秩序和老百姓的日常生活無法維持穩定，無數老百姓更不得安身立命，到處流離失所。打了 14 年的抗日戰爭，導致 3000 多萬人的死亡，其間，因為黃河決口，就有幾十萬人葬身魚腹，480 多萬人傾家蕩產，上千萬人無家可歸。

民國時期，通貨膨脹到甚麼程度？說出來都嚇人一跳。100 元法幣，在 1937 年能買一頭牛，1941 年能買一頭豬，1943 年能買一隻雞，1945 年能買一條魚，1946 年能買一個雞蛋，1947 年買不到半盒火柴，到 1949 年 5 月，只能買 0.00245 粒大米。

也就是說，如果以 1937 年為標準，國民政府印發的紙幣，到 1945 年 6 月上漲了 2133 倍，1948 年 8 月是 725 萬倍，新中國成立前夕是 31667 萬倍。有個形象的說法，在 1949 年年初的上海，你需要挑一擔鈔票才能到飯館裏去買一碗麵條來吃。

◇◇◇◇◇

問　這樣的亂局，很有些像今天人們說的 "失敗國家"。

答　為了扭轉混亂局面，中國人做了很多努力。前面說的政論家梁啟超，1902 年夢想 "新中國" 的時候，還提出 "中華民族" 這個概念，意在增強社會的凝聚力，走出自在散亂的狀態，聯合成一個自覺群體，進而形成一個命運共同體。

打個比方。人們在北京的天安門廣場、倫敦的白金漢宮、紐約的時代廣場、巴黎的凱旋門，悠閒散步、匆匆路過或漫無目的地參觀，這時候，他們是同一個空間下各懷心事的 "自在體"。如果有人突然大喊一聲，"地震了" "有炸彈"，這些各懷心事的 "自在體" 便成為一個有心理共振的 "自覺群體"，他們接受的信息和奪路逃生的反應便趨於一致。

形成 "中華民族命運共同體" 的願望，對解決一盤散沙的亂局，就起了這種猛喝一聲的作用，從而使統一和穩定成為人們最想要的東西。

1949 年，中國共產黨實現大陸地區的統一。20 世紀末以 "一國兩制" 的和平方式，讓香港和澳門跨過漫漫長夜回到祖國的懷抱。現在，就只剩下台灣了。今天的中國人覺得，將來統一台灣，會是實現中華民族復興大業的重大標誌。

　　近代亂局還 "通知" 中國人，沒有穩定就沒有一切。所以，新中國不搞聯邦制，而是統一的單一制國家，強調中國共產黨在政治上的集中統一領導，把國家的統一、民族的團結、社會的和諧、人民的安居樂業，看得格外重要。

　　改革開放的總設計師鄧小平甚至還說過這樣一句名言："穩定壓倒一切。" 中國政府的治國理政，由此形成改革、發展、穩定這樣一個 "三腳架"。沒有穩定，再好的執政思路，再好的發展思路，都無從談起。

◇◇◇◇◇◇

問　　談談擺脫屈辱壓迫、追求平等自主的願望。

答　　近代中國人所受的屈辱壓迫，主要有內外兩個方面。來自外部的，有近代以來帝國主義列強的侵略壓迫；來自內部的，有封建和半封建統治者對人民大眾的剝削壓迫。

　　追求平等自主的願望，相應地也有兩個方面，一是建立獨立自主的國家，同世界各國平等相處；二是實現國內各種人群在經濟、政治、社會等方面的平等關係。

◇◇◇◇◇◇

問　　有些像政治宣傳，能說得具體一些嗎？

答　　先說來自外部的屈辱和壓迫。

至今，人們還能從拍下的一些老照片中，看到這樣一些中國人形象：穿著長袍馬褂，腦後拖著辮子；或斜躺在床上，手裏捧著長長的煙槍；或拉著洋包車奔跑，雙眼卻顯得迷茫。

西方人還用攝影機拍下一段“大變活人”的魔術資料。在這些影像中，“變”出來的西方人，個個威武雄壯；最後“變”出來的是一個留著小辮子的中國侏儒，剛一出現在舞台上，就受到此前“變”出來的那些西方人戲弄和毆打。

毛澤東說過，在近代以來的一個世紀的時間裏，“全世界幾乎一切大中小帝國主義國家都侵略過我國，都打過我們”，除了最後一次抗日戰爭外，“沒有一次戰爭不是以我國失敗、簽訂喪權辱國條約而告終”。

八國聯軍打進北京後，迫使中國和他們簽訂的條約中，要中國向8個國家賠償白銀4.5億兩，理由是這個國家有4.5億人口，必須人人有份。所有中國人在屈辱和壓迫面前，都不能置身事外。

除了香港、澳門被長期租佔外，一些國家在北京、天津、上海、武漢、青島等地，建立起脫離中國主權的“租界”，甚至長期駐紮軍隊，其軍艦或商船享有在中國內河航運的特權。

讓人驚訝的是，從1853年起，連最直接體現國家主權的中國海關大權，也一直掌握在帝國列強手中。一個叫赫德的英國人擔任中國海關的總稅務司長達48年。1927年，擔任上海江海關稅務司的英國人梅樂和，搬到上海海關大樓辦公時，曾用他戴的鑽石戒指在窗戶玻璃上刻下了自己的名字，以示“不朽”。

中國已經不是一個完整定義上的獨立國家，1949年以前，是一個半殖民地國家，就是說，主權是不完整的。

中國一直嘗試著收回喪失掉的國家主權、廢除不平等條約。1919年第一次世界大戰結束後，屬於戰勝國陣營的中國，提出把戰敗國德國在山東半島的權益收回來。這個可憐的訴求，被英、美、法三國主導的"巴黎和會"拒絕了，山東半島的權益反而被轉給了日本。人們的痛苦和絕望，真是到了頂點。

你知道中國革命先行者孫中山去世時的臨終願望是甚麼嗎？"必須喚起民眾及聯合世界上以平等待我之民族，共同奮鬥。"訴求是多麼的樸實，希望世界上有"平等待我之民族"，希望國家不分強弱、大小能夠平等相處，希望中國能夠成為國際大家庭中的平等成員。

講述這些過去的事情，不是"記仇"，而是說，中國人對以強凌弱的不平等國家關係，有著非同一般的經歷和感受。

中國人終於明白一個道理，只有自己站起來，才可能有平等地位。這就可以理解 1949 年新中國成立的時候，毛澤東為甚麼要說"中國人從此站立起來了"。這句話，在人們心靈深處喚起強烈共鳴。"站立起來"，不是說高人一頭，其實質是平等地"自立於世界民族之林"。

1949 年以後，新中國的內政外交，始終把獨立、自主、安全、尊嚴擺在突出位置，始終把"和平""主權""平等"這些理所應當的交往原則，作為處理國際關係的"生命線"。70 多年來，中國和西方之間發生的許多故事，中國對外部勢力干預自己的內部事務那樣敏感、那樣反感，都與維護這條"生命線"有關。

◇◇◇◇◇◇

你的意思是，中國人想要的，就是獨立自主地去做自己的事情，不對別人指手畫腳，也希望別人不要對自己做的事情指手畫腳？

答　平等的國際關係，確實應該這樣。

◇◇◇◇◇

問　再談談近代中國人遭遇的來自內部的壓迫和不平等。

答　毛澤東說"中國人從此站立起來了"，既指消除外部壓迫，實現民族獨立，也指擺脫內部壓迫，實現人民解放。

我們把舊中國看成是一個半封建國家，意思是近代以來，中國社會的資本主義因素有所發展，1911 年還推倒了封建制度，建立起亞洲的第一個共和國。完全意義上的封建社會是不存在了。但是，民族資本一直受到外國資本和國內封建經濟的雙重擠壓，發展緩慢。在政治上形成的人數不多的民族資產階級也受到擠壓，始終成不了大氣候。

更主要的是，處於社會底層的人，包括受地主盤剝的農民，在工廠裏做工的工人，在封建軍閥隊伍裏討生活的下層士兵，在傳統禮教壓迫下掙扎著過日子的女性等，在政治上受壓迫、經濟上受剝削、社會關係上受歧視，他們佔人口的絕大多數。

農民在經濟上受剝削、政治上受壓迫，有一個典型例子。

20 世紀 20、30 年代，四川省擁有一個軍以上的實力軍閥有 8 股。他們各自向其管轄的地區收稅，收稅之多到了甚麼程度？田頌堯的二十九軍，1935 年已預徵田賦到 1978 年；鄧錫侯的二十八軍，1935 年已預徵田賦到 1991 年。更匪夷所思的是，湖南省慈利縣，1931 年，田賦已預徵到 2017 年。這樣的盤剝和欺壓，可謂是天下奇聞。

如此境遇，自然成為中國人最不想要的東西。

新中國成立後，結束了這種壓迫狀態，重建了社會秩序。主張官員和群眾之間，不同社會職業之間，男人和女人之間，社會地位一律平等。

平等，也就意味著民主。

費孝通教授在 1949 年新中國成立時發表文章說："我很早就聽見過這民主兩個字 …… 但是究竟怎樣才算是一個民主的社會呢？我不明白。"他參加了在北京召開的各界代表會議，一進會場，看到的是"穿制服的，穿工裝的，穿短衫的，穿旗袍的，穿西服的，穿長袍的，還有一位戴瓜皮帽的 —— 這許多一望而知不同的人物"，大家聚集在一起發表政治意見。費孝通由衷感慨："最近這 6 天，我上了一課民主課，所得到的多過於過去的 5 年，甚至 30 多年。"

不光是費孝通有如此感慨，民主建國會的政黨領導人黃炎培，在 1949 年最後一天發表文章說："一九四九年是每一個人抬頭的第一年，是群眾抬頭的第一年，今後我們做人，不可以不認識人，不可以不認識群眾。""從這裏起，人的生命寶貴起來了，人的生活被重視起來了。"

"抬頭"和"人的生活被重視起來"，就是當時人們理解的"中國人從此站立起來了"的含義。

平等和民主，目的是讓國家成為人民的國家。

甚麼叫人民的國家？新中國的名稱叫"人民共和國"，國體叫"人民民主專政"，政體即國家權力機構是"人民代表大會"，政權叫"人民政府"，軍隊叫"人民解放軍"，國家機器叫"人民法院、人民檢察院、人民公安"，公共部門叫"人民鐵道""人民郵政""人民銀行"，學校老師叫"人民教師"，看病的地方叫"人民醫院"，作家們辦的刊物叫"人民文學"，連使用的貨幣，也叫"人民幣"。

為甚麼都有"人民"二字？那是真心實意地要實現社會關係的平等，並且在經濟、政治、社會、文化各方面，讓"人的生活被重視起來"。

◇◇◇◇◇◇

問 說說人們擺脫貧窮愚昧，實現富裕文明的訴求。

答 20 世紀 50 年代，我們經常用 "一窮二白" 來形容自己的國家。所謂 "窮"，是指生活水平低，生產力水平低，人們普遍不得溫飽。所謂 "白"，意思是人們的文化知識就像一張白紙，沒有任何記錄。借指中國存在大量不識字的文盲，全社會科學文化水平低，精神世界貧乏，愚昧落後的習俗比比皆是。

先說中國的 "窮"。

歷史總是在比較中看出差距。1949 年中國的人均國民收入是 27 美元，而亞洲各主要國家的人均國民收入是 44 美元，其中印度是 57 美元。1950 年，有記錄的各國人均國內生產總值，由高到低進行排列，中國位列倒數第 7 位，說是世界上最貧窮的國家之一，不會有異議。

生產出足夠多的糧食，讓 5 億多人吃上飯，不餓死，成為新中國成立後的頭等大事。一直到 1974 年，第一次世界糧食會議在羅馬召開，各國代表還聽到一個恍若世界末日的預測：由於人多地少等原因，中國絕無可能養活 10 億人口。

這個預測沒有應驗。擺脫貧窮，走向富裕，是新中國成立以後一心謀求發展的原始衝動。中國人窮怕了，為了改變命運，他們 "拼搏到無能為力，勤勞得感動自己"。

世界上很難看到的奇觀在中國屢屢發生。為了開山造渠，引水灌溉農田，河南林縣人民用將近 10 年的時間，以接近原始的生產方式，用繩索把手持鐵錘、鋼釬的人吊在懸崖上面，只見那人雙腳一蹬，飛在空中，然後迴蕩到懸崖石壁，利用身體的慣性衝力，一錘一釬，或砸或撬，硬是在太行山脈的石壁裏造出一條 "人間天河"。從此，常年乾旱的林縣有了水，人們有了生存和生活的基礎。

改革開放後，有幾億農民為了掙點比種地多一些的錢，背井離鄉，告別妻兒老小，到城市裏來打工。自己幹不動了，就讓沒有考上大學的兒子女兒出來幹，為的是在家鄉蓋起一棟屬於自己的合適住房。

那些考上大學的兒女們又怎樣呢？2019 年，中國媒體曾經熱烈討論過 "996" 現象，說的是一些在科技公司工作的白領青年，一般是上午 9 點上班，晚上 9 點下班，一周工作 6 天。

在西方國家，這樣的勞動強度不可能出現。習慣於週末到郊區別墅或其他甚麼地方休閒的西方人發現，只有中國人在城鎮裏開的商店或飯館繼續經營，除了詫異不解，或許還有所不滿。

讓勤勞的人們過上好日子是中國政府 70 多年來始終如一的目標。鄧小平提出 "貧窮不是社會主義"，"我們奮鬥了幾十年，就是為了消除貧困"。擺脫貧困，實現富裕，在中國政治議程中佔有特殊地位。

習近平在河北正定縣當縣委書記的時候，別開生面地設立了一個 "縣委書記、縣長獎"，其中一項就叫 "率先致富獎"。一位獲獎的農民至今保存著頒發給他的紅皮證書，內頁裏寫著："甘國田，男，42 歲，正定鎮順城關農民，種花專業戶，一九八四年純收 14000 多元。授予率先致富獎。批准人：習近平（印）、劉樹章（印），85 年 1 月 20 日。"

再說 "白"。

在舊中國，因為戰亂、受壓迫和貧窮，發展科學教育、提高人民的文化水平異常艱難。1935 年，北方的學生喊出一個讓人心痛的口號："華北之大，已經放不下一張書桌。" 在抗日戰爭中，許多學校不得不遷移到西南一角辦學。連沉澱著幾千年文明傳統的一批故宮文物，也輾轉南遷到四川的一個村莊，後來又被遷去了台灣，再也沒有回到北京的故宮。

1949 年，5.4 億人口中，不識字的文盲約有 4.3 億人，文盲率高達 80%。在識字的人當中，算得上知識分子的人有多少呢？當時的估計是 200 萬人左右，佔全國人口總數的 0.37%。那時對知識分子的定義標準很低，凡是從事教育、文化、科技、衛生工作的都算，哪怕你只是個初中或高中畢業生。

這樣的文化基礎，使舊中國普遍缺少科學意識和科學精神，形成許多愚昧的民風民俗。比如，迷信神鬼風水，不講衛生，靠巫婆神漢治病，女人裹小腳等。大文豪魯迅在 20 世紀 30 年代曾描述過中國的落後和愚昧，說外國人用鴉片來治病，中國不少人則把它當飯吃，連一些本來是中國發明的科技產品，也用錯了方向："外國用火藥製造子彈禦敵，中國卻用它做爆竹敬神；外國用羅盤針航海，中國卻用它看風水。"

愚昧習俗往政治軍事領域延伸，一些本來充滿正能量的事件卻彌漫著讓人啼笑皆非的詭異氣氛。19 世紀 50 年代的太平天國起義，把西方基督教改造成不倫不類的拜上帝教，謊稱天父天兄下凡附體，來行使權力。1900 年的義和團運動，多數信徒以為靠唸咒喝符就能刀槍不入打退侵略者。

那些滿是負能量的事件，則因為理性的缺失而愚昧不堪，顯得精神卑弱。1900 年，八國聯軍攻打北京的時候，不少老百姓只是看熱鬧，覺得國家的存亡與自己沒有關係，有的人為了錢，甚至幫助侵略者填壕溝、扶梯子攻城。1931 年日本軍隊侵佔東北，東北有幾十萬中國軍隊，十倍於敵都不止，除陸軍外還有空軍和海軍，但結果是放棄自己的家鄉，撤出東北。抗日戰爭中，不少人徑直投靠日軍，成為令人不齒的漢奸。在一些地方，漢奸隊伍比日本侵略軍還要多。

這些現象，不是中華民族的精神主流，但屢屢出現，並非偶然。故事背後的邏輯是，由於貧窮愚昧，缺少科學文明，就像一個人身體弱了，應有的精氣神也沒有了。

為了擺脫愚昧，在 1919 年前後出現的相當於西方文藝復興的五四新文化運動，提出的核心主張就是民主與科學。許多知識分子，還提出科學救國、教育救國、實業救國。還有一批人跑到農村辦學校、搞改良，一心要推動鄉村文明建設。中國共產黨在農村搞革命也是從提高農民文明素質和思想覺悟開始的。

新中國成立時，毛澤東宣佈："隨著經濟建設的高潮的到來，不可避免地將要出現一個文化建設的高潮。中國人被人認為不文明的時代已經過去了，我們將以一個具有高度文化的民族出現於世界。"

新中國成立後，開展了人類歷史上最大規模的識字掃盲運動，開辦了無以數計的各種類型的工人、農民文化補習學校，孜孜不倦地推動"移風易俗"和"文化革命"以改造社會。這裏說的"文化革命"不是後來發生的"文化大革命"，用毛澤東的話說，"現在我們是革甚麼命呢？是革技術的命，是革文化的命，要搞科學，革愚蠢無知的命。搞技術革命，文化革命"。

1978 年改革開放後，中國提出物質文明和精神文明兩手抓。抓物質文明，是解決"經濟貧窮"；抓精神文明，是解決"內心世界的貧窮"。隨後又推出"科教興國"戰略、提倡"先進文化"、樹立"文化自信"、培育"社會主義核心價值觀"、建設"文化強國"等，都是為了把中國建設成為一個高度文明的國家。

現代化：縱跨兩個世紀的追趕

◇◇◇◇◇

問　擺脫混亂失序，追求統一穩定；擺脫屈辱壓迫，追求平等自主；擺脫貧窮愚昧，追求富裕文明；中國人的三大願望何以產生大致清楚了。現在的問題是，"最不想要"的東西，到底是怎麼冒出來的？最終靠甚麼得到自己"最想要"的東西？這中間的歷史邏輯還是不太清楚。

答　這涉及中國人的一個根本願望：擺脫落後於時代的處境，追趕現代化。前面說的三個願望最終都可以歸結到這個願望上面。

近代中國為甚麼混亂無序、屈辱受壓、貧窮愚昧？說到底，是因為落在了時代先進潮流後面。從近代中國到今天的中國，所夢想和追求的就是實現現代化。這是 180 年來中國社會演變的一個基本主題。

15 世紀出現的大航海，開啟了全球化進程。率先遠航去發現世界的葡萄牙、西班牙和荷蘭這些不大的國家崛起了。中國恰恰在這個時候，停下"鄭和下西洋"的遠航步伐，錯過歷史的大機遇。

中國憑藉著傳統的三樣生活用品 —— 茶葉、瓷器、絲綢，仍然在對外貿易中佔據優勢，並導致歐洲國家的貿易赤字。為了解決這個貿易赤字，英國向中國大量輸入鴉片，遭到拒絕後，便來了一場以強凌弱的鴉片戰爭。

中國人被這場戰爭打醒了，開始睜開眼睛看看世界到底怎麼了。這一看，才相繼發現，18 世紀中後期開始的以蒸汽機為代表的第一次工業革命，產生了英國、法國這樣的世界強國；19 世紀中後期開始的以電氣化為代表的第二次工業革命，造就了德國、美國以及日本這樣的世界強國。奧匈帝國以及中國的大清王朝，還有曾在大航海時代領跑的西班牙、葡萄牙都因為沒有趕上這兩次工業革命而掉隊了。

掉隊的中國，步履蹣跚，被時代甩在後面。遠的不說，就講 20 世紀 30 年代的一件事情。

如果你生活在那時的中國，要從中部地區到西北的新疆，最快路線不是直接往西北方向走，而是背朝西北往東南方向走。先到上海，搭乘輪船北上蘇聯的海參崴，再搭乘西伯利亞大鐵路的國際列車，由下烏金斯克轉乘土西鐵路（連接土耳其和西伯利亞的鐵路線）的火車，到達哈薩克斯坦的塞米伊市。下車後，再改乘汽車，從塔城入境回到中國，到達新疆。全程需要近半個月時間，即使這樣，也遠比騎駱駝從甘肅到新疆方便。

如果你覺得這樣的行程太麻煩，乾脆寄封信到新疆把事情辦了，又該如何呢？如果你身處同屬西北的陝西，你的信件包裹也不會走甘肅到新疆這條線，而是轉寄到天津，由 "西伯利亞郵線" 遞送，並需要敲上 "Via Siberia" 郵戳，國內郵件竟要在天津海關辦理進出口手續！

19 世紀末，俄國的財政大臣維特就明確講過，"現代國家沒有發達的本國工業，就不可能強盛"。

一直到新中國成立，中國仍然屬於典型的落後的農業國。在 5.4 億人口中，只有大約 200 萬人從事工業；工業總產值只佔全國經濟總量的 10% 左右。

1949 年的粗鋼和生鐵產量，加起來只有 40 萬噸，而美國當年的產量超過 1 億噸，連印度都有 300 萬噸。

1949 年，中國的發電量 43.1 億度，美國是 3451 億度，連印度都有 49 億度。

1949 年，美國的汽車產量達到 625.4 萬輛，蘇聯 27.6 萬輛，日本 2.9 萬輛。中國有多少？一輛都沒有。

老百姓當時使用的一些輕工業產品，稍微現代一點的，前面都帶有一個"洋"字。比如，"洋布"（紗布）、"洋火"（火柴）、"洋釘"（鐵釘）、"洋酒"（葡萄酒）、"洋油"（汽油）、"洋灰"（水泥）等。"洋"的意思，要麼是從外國進口的，要麼是模仿外國商品製造的。在人們的日常生活中，凡是沾了個 "洋" 字，便必定是讓人好奇和羨慕的先進東西。

毛澤東在 1954 年曾充滿憂慮地說："現在我們能造甚麼？能造桌子椅子，能造茶碗茶壺，能種糧食，還能磨成麵粉，還能造紙，但是，一輛汽車、一架飛機、一輛坦克、一輛拖拉機都不能造。"他還說：如果不能把自己建設成為偉大的社會主義國家，那就要從地球上被開除 "球籍"。

被開除 "球籍"，意思是中華民族不能自立於世界民族之林。這雖然是極而言之的比喻，但畢竟反映出中國在工業化、現代化的時代潮流中遭遇的尷尬和難堪。

◇◇◇◇◇◇

問　　　為了擺脫落後時代的窘境，中國是怎樣開始追趕的？

如果從 19 世紀中葉的 "洋務運動" 算起，中國在現代化道路上的追趕，將是縱跨兩個世紀的行程。

　　新中國成立前，中國共產黨的一個突出訴求就是實現工業化。毛澤東在抗日戰爭時期就說："老百姓擁護共產黨，是因為我們代表了民族與人民的要求，但是，如果我們不能解決經濟問題，如果我們不能建立新式工業，如果我們不能發展生產力，老百姓就不一定擁護我們。" 1945 年 4 月，他提出一個響亮口號："為著中國的工業化和農業近代化而鬥爭。"

　　新中國的發展戰略，就是把 "落後的農業國" 建設成為 "先進的工業國"，實現工業、農業、國防和科學技術的現代化。"四個現代化" 目標，至今還保留在《中華人民共和國憲法》序言當中。

　　改革開放初期，"實現四個現代化" 是把中國上下凝聚起來的一個深入人心的口號。重慶鋼鐵廠有位叫白智清的職工，此前因為反對 "文化大革命" 入獄，1978 年他被釋放的時候，辦案人員問他有甚麼訴求，可以轉告單位幫助解決。他舉起四根手指頭，辦案人員驚訝地以為他要提出四個要求，結果白智清笑著說：我就一個要求，"希望中國實現四個現代化"。

　　但是，怎樣幹 "四個現代化"？"四個現代化" 究竟是甚麼樣子？人們心裏並不十分清楚。為了摸清別國的情況，1978 年開始，派出不少代表團頻繁出訪。鄧小平訪問日本時，在神奈川日產汽車製造廠了解到，這裏的勞動生產率比當時的中國長春第一汽車製造廠要高幾十倍；他感慨地說：我懂得了甚麼是現代化了。現代化，50 年代一個樣，60 年代一個樣，70 年代又是一個樣。

　　他不光看到了現代化的生產能力，更看到了生產能力在現代化進程中的更新換代。

鄧小平的思緒開始走進現代化的真相，湧動出當年毛澤東那樣的緊迫感，說了三句話，對中國追趕現代化的行程和意義重新作了詮釋。

第一句："社會主義現代化建設是我們當前最大的政治，因為它代表著人民的最大的利益、最根本的利益。"

第二句："能否實現四個現代化，決定著我們國家的命運、民族的命運。"

第三句："我們要趕上時代，這是改革要達到的目的。"

改革開放 40 年後，習近平總書記又補充了一句："我們不僅要趕上時代，而且要勇於引領時代潮流、走在時代前列。"

這就是中國縱跨兩個世紀，追趕現代化的歷史真諦，是中國人 180 多年來最想要的東西。

◇◇◇◇◇◇

問　　看起來，中國人追趕現代化，是一部從趕上時代到引領時代的宏大敘事。在這個設想中，怎樣才算趕上時代和引領時代？

答　　這是一個漫長的歷史過程。但總目標是有的，就是實現中華民族復興的夢想。在向這個總目標前進的過程中，也有不同歷史階段的奮鬥目標，把它們連接起來，就呈現為從站起來到富起來，再到強起來的歷史邏輯。

這個歷史邏輯，大致蘊含在縱跨兩個世紀，可分成三個 "一百年" 的奮鬥歷程當中。

第一個 "一百年"，就是從 1840 年被迫打開大門，進入半殖民地半封建社會開始，到 1949 年建立中華人民共和國。這一百年的奮鬥目標是 "站起來"，實現民族獨立和人民解放。中華人民共和國的成立和社會主義制度的確立，為中華民族和中國人民趕上時代、為當代中國的一切發展奠定了政治前提和制度基礎。

第二個 "一百年"，是從 1921 年中國共產黨的成立，到 2021 年中國共產黨成立 100 週年的時候，全面建成小康社會。這 100 年的奮鬥目標是 "富起來"。中國現在的自我定位是："迎來了從站起來富起來到強起來的偉大飛躍"。當然，只是 "迎來" 飛躍，還沒有完成這個 "飛躍"。

第三個 "一百年"，是從 1949 年中華人民共和國成立到 2049 年中華人民共和國成立 100 週年。奮鬥目標是 "強起來"，把中國建設成為富強、民主、文明、和諧、美麗的社會主義現代化強國，實現中華民族的偉大復興。

三個 "一百年" 的劃分在時間節點上有交叉。這恰恰說明，站起來、富起來、強起來，在中華民族的復興路上不是截然分開的，是你中有我、我中有你的交替疊伸過程。

為站起來而奮鬥的行程中，有富裕方面的追求和實踐，有能夠促進民族復興的積極因素和社會力量的成長積累。

為富起來而奮鬥的行程中，有進一步站起來和逐步強起來的表現。

為強起來而奮鬥的行程中，不僅有越來越 "走近世界舞台中央"，從而更雄偉地站起來的含義，而且也是拓展富起來、升華富起來的過程。

身處何地？

◇◇◇◇◇

　為擺脫落後時代，追趕現代化，中國人的歷史思維如此宏大，歷史邏輯如此細密，就好像在聽一部遠古悠長的民族史詩。再長的民族史詩，都有結束的時候。在現代化的道路上，中國已經追趕 180 多年，今天跑到了甚麼位置？或者說，做到了甚麼？

答　提到民族史詩，我先介紹一位中國農民詩人寫家鄉風情的作品：

　　在鳥聲擦亮的早晨，我從一滴露珠的睡眠中醒來，看見山還是山，水還是水。

　　大地被季節打掃得乾乾淨淨，而落葉是秋天的信箋，被風蓋上郵戳，吹向遠方。

　　訴說著，寄往春天的相思。

　　貴州黔西市雨朵鎮雨朵村，有位高位截癱的男孩叫沈江河，2013年出版一本詩集《一根手指的舞蹈》。他每天坐在家門口，手不能握筆，只靠一根手指敲擊電腦鍵盤，描寫家鄉的土地，讚美他的母親，想象心中的“女神”。為的是向“春天”寄送“被風蓋上郵戳”的信箋，傳遞“大地”變化的消息。

◇◇◇◇◇

問　詩的意味不錯。但詩意描述代替不了歷史敘事。

答　打開 "被風蓋上郵戳" 的 "信箋"，我們看到的歷史敘事是：中國很幸運地趕上了 20 世紀下半葉開始的，以互聯網為代表的第三次工業革命，從落後於時代，跑進了時代發展的潮流中。追趕現代化，使中國從一個落後的農業國家，轉變成為工業化和信息化相互推動的國家。

無論是縱向自我對比，還是橫向同曾經在一個起跑線上的其他發展中國家對比，中國的追趕行程和追趕速度讓人欣慰。

經過長期積累，進入 21 世紀後，中國的經濟總量迅速擴大，依次趕上 8 個發達的工業化國家。

2002 年，超過意大利，成為世界第六；2005 年，超過法國，成為世界第五；2006 年，超過英國，成為世界第四；2007 年，超過德國，成為世界第三；2010 年，超過日本，成為世界第二。

2020 年，中國經濟總量突破 100 萬億元人民幣，相當於 15 萬億美元左右，人均國內生產總值突破 1 萬美元。這和 1949 年新中國成立時相比，真是天壤之別。

怎樣定位今天所處的位置，我們的說法是：中國是實現全面小康社會的國家。

◇◇◇◇◇

問　小康是很中國化的一個表達，其他國家的人往往搞不清楚它的具體含義。

這是個很古老的概念。在中國傳統語境中，"康"指的是生活殷實，"小康"是日子基本好過，相對富裕，但不是特別充足，人民生活水平比上不足，比下有餘。但還不是理想狀態。

小康是追趕現代化的一個階段性目標。它標誌著中國從根本上解決了生產資料和生活資料"有沒有"的問題，以後要解決的是"好不好"的問題。

現代化是一個動態過程，隨著整個世界的發展潮流不斷延伸其內涵。鄧小平 1978 年到日本一看，知道要真正達到日本那樣的現代化水平需要很長的時間，回來就提出：我們要實現的是"中國式的現代化"。

1979 年 12 月，日本首相大平正芳追問，你們的"中國式的現代化"到底是甚麼樣一種狀態？鄧小平思考了一下，回答說："不是像你們那樣的現代化的概念，而是'小康之家'。"具體說，就是在 20 世紀末，國民生產總值人均達到 1000 美元，"同西方來比，也還是落後的。所以，我只能說，中國那時也還是一種小康狀態"。

後來，經過反覆調查和測算，中國確定在 20 世紀末達到人均國民生產總值 800 美元。這就是中國人 40 年來"奔小康"的由來。

事實上，在 20 世紀末，人均國民生產總值超過了 800 美元，但政府認為，這樣的小康還不全面，不平衡，況且西方的現代化水平也提升了，於是調整目標，提出小康社會不只是在經濟數字，更在於政治、社會、文化等方面的全面進步。即使講經濟數字，也應該聚焦到人均國民收入上面。

2020 年，在新冠肺炎疫情導致全球經濟衰退的情況下，人均可支配收入增長到 32189 元，合 4600 美元左右，中等收入群體超過 4 億人口。

　　實際上，對這樣的硬指標，中國已經不特別強調了，人們更看重的是獲得感和幸福指數。

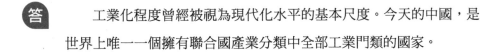

 甚麼樣的獲得感和幸福指數才算是小康生活？

答　　先看日常的衣食住行。人們的衣著，出現了從追求保暖到追求美觀的變化。多數人的口腹之欲不再是大魚大肉，反過來是想吃得清淡一些。一說是綠色食品，價格貴些也要爭先恐後地去買。人均住房面積已經達到 30 平方米，這在過去是不敢想象的。私家車在城市裏已經普及，在國內旅遊開始成為日常消費，每年出國旅遊的達到一億人次。

　　大學教育實現了從精英化教育到大眾化教育的轉變，現在不少家長追求的不是孩子上不上大學，而是希望能考上好的大學、好的專業。面向全體國民的最低生活保障、醫療保障和養老保障體系已經建立起來，人均壽命從新中國成立時的 36 歲提高到 77.6 歲。

問　　**過上這樣的日子確實不容易，但這在西方發達國家並不稀奇。人們看一個國家的現代化程度，比較注重工業製造能力和基礎設施水平。**

答　　工業化程度曾經被視為現代化水平的基本尺度。今天的中國，是世界上唯一一個擁有聯合國產業分類中全部工業門類的國家。

從交通運輸的基礎設施講，2019 年，硬化公路通到了所有 60 萬個左右的行政村。高速鐵路通車里程達到 3.54 萬公里，佔全世界的 2/3 以上。4G 基站數量佔全球一半以上，正在建設的 5G 基站，大概率也是這樣。全世界排名前 10 位的港口，中國佔了 7 個。中國已成為全世界當之無愧的第一電力大國，還擁有世界最先進的特高壓輸電技術。

互聯網的運用，使人們的經濟社會活動發生革命性變化，大踏步趕上時代，大幅度改變命運。

湖北有個巴東縣，巴東有個神農溪。在神農溪，宋文剛和他的夥伴們被稱為長江三峽地區最後的裸體縴夫。他們長年累月靠著一根纖細的纜繩，拚盡全力拉起生活的全部希望。

1995 年，正在拉縴的宋文剛和夥伴們，接待了來中國旅行的美國 "股神" 巴菲特和計算機天才比爾‧蓋茨等人。不難想象，在中國古時候出現並延續下來的職業縴夫 "宋文剛們"，和第三次工業革命時代出現的計算機天才 "比爾‧蓋茨們" 的相遇，根本上就是兩個 "時代" 的相遇，雙方的落差之大，閉著眼都 "看" 得出來。難怪，巴菲特曾在 2009 年出版的自傳中寫到這趟旅遊，發出這樣的感慨："在那些縴夫當中將會有另外一位比爾‧蓋茨，但是因為他們出生在這裏，他們命中注定要一輩子牽著船過日子。他們沒有像我們一樣的機遇。"

這一次，巴菲特可能猜錯了。2010 年，他和比爾‧蓋茨再次來到中國。當年裸體拉縴賣力氣的宋文剛等人，靠著旅遊生意已經蓋起了小樓。

宋文剛所在的巴東縣，有 125 個村，如今已建成 "農民辦事不出村" 的電子信息系統。高鐵、輪船、高速公路從宋文剛的家門前經過。已經 71 歲的宋文剛現在是一名網紅電商，主要銷售自製的草鞋和小木船模型。他的產品，頭天下訂單，第二天就可以到達上海。大踏步趕上時代的縴夫們改變了自己的命運。

中國人常說，通過改革開放大踏步趕上了時代。大踏步趕上時代的線索是甚麼？1995 年，也就是裸體縴夫宋文剛和夥伴們接待巴菲特和比爾·蓋茨的那一年，北京、上海提供國際互聯網接入業務，Internet 隨即成為推動中國改革開放和現代化進程至關重要的工具與平台。

那年，北京中關村電子一條街立起一個巨大廣告牌："中國人離信息高速公路還有多遠──向北 1500 米"。它被很多路人當作路標，實際上通向的是一個叫瀛海威的小公司，這是中國第一提供個互聯網接入服務的公司。

率先擁抱互聯網的是那些年輕人，他們一心要趕上互聯網革命的"頭班車"。很多著名的互聯網公司，如新浪、搜狐、網易、騰訊、阿里巴巴、攜程、京東，全部誕生在 1996 年到 1999 年。那個時候，正是互聯網走出美國硅谷，開始商業化應用進而帶動經濟全球化的時期。

20 多年來，中國成為被互聯網改變得最充分的國家。網民規模達到 9.89 億人，而且還在快速攀升，接近發達國家和地區的人口總和。全球 20 大互聯網企業，中國佔了 7 家。七八十年前，美國曾被稱為"車輪上的國家"，如今，有人把中國稱為"指尖上的國家"。

互聯網企業創造了一些引領時代的生活和商業模式。

人們的生活方式發生巨大改變。動動手指，就可以在手機或電腦上實現娛樂、購物和社交的需求。以前觀看世界杯的球迷，必須到酒吧、餐廳等消費場所，點上一打啤酒，和三五好友邊看邊高談闊論，才算過癮。現在，人們把這樣的場景搬到了自己家裏。用手機應用在網上訂購燒烤啤酒，在網絡上看現場直播，同時用彈幕（barrage），與天南海北、國內國外的球迷朋友互動。

2009 年，中國在互聯網領域憑空創造了一個狂歡購物節。每年 11 月 11 日，由電商平台舉辦網絡促銷活動，其強度和規模讓美國的 "黑色星期五" 和 "網絡星期一" 的銷售活動相形見絀。

2020 年的 "雙十一"，兩個主要電商平台的營業額加起來有多少？7697 億元人民幣，也就是說，一天之內，人們就在互聯網平台上消費了 1000 多億美元。重要的是，在交易中形成的 30 多億份訂單，包括世界各大知名品牌在內的約 200 萬種商品，整個供應鏈和物流環節的管理，都是在互聯網上通過數字技術實現的。

大概在 2016 年，在中國的互聯網平台上，又冒出直播電商的經營模式。出現在人們手機屏幕上的是一位模樣別致、能說會道、富有魅力的姑娘或小夥，人們稱之為 "網紅"。他們背後，有編導、助播、供應鏈、售後服務、流量運營等工作人員的支持，實際上形成了一個完整的產業鏈。如果產品對路，專業嫻熟，宣傳得法，大牌 "網紅" 的帶貨量超出人們的想象。

2021 年 3 月，美國《時代》週刊評選的 "下一代百位影響力人物" 榜單中，有一個來自中國的 29 歲的青年李佳琦，他在淘寶網上創下 15 分鐘賣出 15000 支口紅的紀錄。2019 年，直播電商全國交易額達到 4000 多億元。

◇◇◇◇◇◇

問　　中國是全世界最大的 "工廠"，許多產品都印有 "中國製造" 的標籤，你是不是認為這樣的標籤已經過時了。

 不能說過時了，"中國製造" 仍然是中國工業化所需要的標籤。但中國已經意識到，"製造" 不等於 "創造"，現在想做的事情是從 "製造" 到 "創造" 的提升。

創造的前提是科技創新。中國在全球創新指數的排名是第 14 位，投入科技研發的資金僅次於美國。

這大概就是中國說自己趕上時代，在個別領域開始引領時代的重要理由。

◇◇◇◇◇◇

 經濟總量和產業規模龐大，與中國的人口規模有關。

 確實如此。中國定位自己 "身在何處" 實際上有兩把尺子。人口多，每個人的創造和消費加起來，自然很多。反過來，取得的成績再大，按人口一平均，又不行了，就不那麼驕人了。

經濟總量雖然是世界第二，但人均國內生產總值也只突破 1 萬美元。這在世界上處於甚麼位置？只相當於美國的 1/6，歐盟的 1/4，排在世界第 60 名以後。在這個位置往前後左右一看，目前直接排在中國前面的，有大家熟悉的墨西哥和俄羅斯，緊跟在中國後面的是土耳其和保加利亞。

可見，即使過上了小康日子，生活水平還遠遠低於西方發達國家，是典型的中等收入國家，仍然屬於發展中的國家行列。

這是中國 "身在何處" 的明確定位。

新時代的"行程安排"

◇◇◇◇◇◇

問　中國宣稱進入了新時代，怎樣理解這個"新時代"？

答　這是 2017 年中共十九大提出的，關於所處歷史方位的一個判斷。所謂新時代，是指中國特色社會主義事業進入新時代。

新時代中國，主題是全面現代化，不僅趕上時代，而且爭取更多地發揮領跑作用。它的行程，有這樣的戰略安排。

全面建成小康社會後，用 15 年的時間，到 2035 年，把中國建設成為社會主義現代化國家，基本上實現現代化。這期間要大幅提升中國的綜合國力，人均國內生產總值達到中等發達國家水平，中等收入群體顯著擴大，使人民共同富裕取得更為明顯的實質性進展。

2035 年以後，再奮鬥 15 年，到新中國成立 100 週年，建成富強、民主、文明、和諧、美麗的社會主義現代化強國。

◇◇◇◇◇◇

問　如此雄心勃勃的路程，跑起來肯定不會那麼輕鬆。你覺得當前中國面臨的主要挑戰是甚麼？

最根本的挑戰是出現了新的社會主要矛盾。

此前中國社會的主要矛盾，我們稱之為"人民日益增長的物質文化需要同落後的社會生產之間的矛盾"，意思是，社會生產不能夠完全滿足人民的生活需要。這個矛盾，在新時代已經轉化為"人民日益增長的美好生活需要和不平衡不充分的發展之間的矛盾"。

 人們不大理解這種哲學化的表達。

 "人民日益增長的美好生活需要"，是指人民需要的內容大大擴展了，不只是過去說的物質文化生活，對民主、法治、公平、正義、安全、環境等方面的需要，日益強烈起來。

人民需要的層次大大提升。追求質量更高的生活，期待有更好的教育、更穩定的工作、更滿意的收入、更可靠的社會保障、更高水平的醫療衛生服務、更舒適的居住條件、更優美的環境、更豐富的精神文化生活。

總之，就是前面說的，人民對美好生活的需求出現了從"有沒有"到"好不好"的提升。

 "不平衡不充分的發展"怎樣理解？

 關於"不平衡"，是指由於歷史和地理原因，不同區域的發展水平有差距。如果你是一個徒步的旅行者，在幾十年前自西向東橫穿中國大陸，將會看見各種生產方式遞次展開，從刀耕火種、手提肩扛，直到電光石火、汽車輪船；你還會發現，現代工業，主要集中在東南沿海一隅。現在這種局面大加改善，但城市和鄉村、東部和西部、北方和南方，發展差距依然不小。

這種發展 "不平衡" 情況，在其他領域也比較明顯。比如，社會文明和生態文明建設還有不少明顯的 "短板"；不同群體之間的收入分配差距依然較大，貧富差別比較明顯。

關於 "不充分"，主要指在發展上創新能力不夠強，實體經濟水平有待提高，發展質量和效益都還不夠理想。

實現平衡和充分的發展是新時代解決人民美好生活 "好不好" 的關鍵。走好新時代的行程，很不容易。有句老話，"行百里者半九十"。如果說我們要走 100 公里路才能完全跨進現代化的大門，那麼，即使今天已經走了 90 公里路，那剩下的 10 公里路，注定是最難走、負擔最重、感覺最累的一段路程。

中國不會陶醉於已經取得的進步，而會更在意滿足人民對未來的期待。

問　　憂慮還不少。中國很強調憂患意識，在你看來，下一步發展中最值得憂慮的事情是甚麼？

答　　現在人們談論得比較多的是 "中等收入陷阱"。

這個概念是在 2007 年的世界銀行報告中提出來的，意思是，當一個國家人均收入達到世界中等水平後，由於不能順利實現經濟發展方式的轉變，導致增長動力不足，就有可能陷入經濟增長回落或長期停滯的境地，出現貧富差距擴大、社會矛盾增多等問題。有人做過統計，說 1950 年以來新出現的 52 個中等收入國家中，有 35 個落入"中等收入陷阱"。

人們很擔心掉進這個"陷阱"。

中國已經告別高速增長勢頭，中低速增長成為經濟發展的新常態。過去之所以發展那麼快，靠的是後發優勢。因為和西方發達國家的差距較大，在起步階段所需要的資金、技術和管理經驗比較容易獲得，別人也樂於通過這些方面的輸出實現利益優化。

現在，中國與西方發達國家的差距在縮小，後發優勢明顯減小。一些國家對中國的警惕、防範、遏制之勢日益加劇。

華為集團在發展 5G 技術方面稍微走在了前面，便引起美國的過激反應，宣佈把中國像樣一點兒的高科技企業和研究單位納入所謂的"實體清單"進行制裁。再遲鈍的人都明白，新時代中國的發展動力，要靠自己的科技創新。能夠多大程度上實現創新發展，是避免陷入"中等收入陷阱"的關鍵。

社會生活方面的短板也有不少。就拿住房來說，雖然居住條件早已今非昔比，但北京、上海、深圳、廣州這些一線城市的房價高得離譜。有先見之明或較早富裕起來的人們，購買了房產，算是擁有了不菲的財富，享受到了改革開放的成果。對入職時間不長的年輕人來講，僅靠工資買房是不現實的。

普遍把財富集中在房地產領域，勢必大大壓縮人們在其他方面的消費，這肯定會有風險。新時代中國選擇蓋更多的公租房去化解風險，並提出"房子不是用來炒的，是用來住的"。

◇◇◇◇◇◇

問 看來，中國似乎想在內部尋求和釋放自己的創新潛能。

答 一般說來，預知行程前方埋伏著陷阱，聰明人是不會自動掉進去的。這時候，陷阱有可能不再是陷阱，而是激發想象和創新的機會。

比如，過去靠"人口紅利"，靠大量收入不高的勞動力促進發展。隨著人口出生率下滑，"人口紅利"不復存在，老齡化現象已經在社會沒有多少準備的情況下提前到來。2019 年 65 歲以上的老人已經佔到總人口的 12.6%，並將在隨後幾年裏更快地增加。

下一代的人口結構，也讓人不安。從 1980 年到 2016 年，實現 30 多年的獨生子女政策，誕生了 1.76 億獨生子女，一對獨生子女夫婦需要贍養四個甚至更多的老人，壓力不言而喻。對老人們來說，獲取兒女們傳統的"孝順"，開始成為奢侈的願望。出現病痛得到孩子的照料、陪伴和慰藉，非常有限。空巢老人越來越普遍，心靈上的孤獨不可避免。

這既是新時代面臨的困難和挑戰，同時，也似乎預示著一些創新發展的機遇和空間。

如今退休後身體還好的一代老年人，很特別。40 多年前中國開始改革開放的時候，他們英氣勃勃，大多是工人、農民、軍人，是下鄉知青或待業青年，是改革開放初期被稱為"天之驕子"的大學生，是穿著迷彩服在城市裏幹各種活計的農民工，是擺攤開店的個體戶，是大小企業的創業者或下崗職工，是曾經豪情滿懷"指點江山"的機關幹部或知識分子……

他們從貧困邁向小康，生活面貌和精神世界的跨度很大。小時候，他們推鐵環、跳橡皮筋，腦子裏裝的是"樓上樓下、電燈電話"的夢想。現在，他們老了，雖然有些抱怨，但卻真心熱衷於照看孩子的孩子，或者在廣場跳舞，在街邊打麻將，在網上購物，在世界各地的風景名勝旅遊，尤其喜歡和曾經的同學、同事、戰友及新舊朋友聚會，喜歡在微信裏發朋友圈。

結果，這些老人無意中成為一個龐大的消費群體。他們的消費方式和層次，遠不是他們的上一代人所能比的。許多企業和商家，捕捉到這一巨大的社會需求，五花八門的老年人產品應運而生，更有許多集醫療和養老為一體的醫養園區，雨後春筍般地冒了出來。年輕人追捧出來的科技消費市場，開始關注到"白髮浪潮"的需求。網絡平台推出能讓年輕用戶幫助父母支持網購的"親情賬號"；華為、小米這些品牌的手機專門開設了"老年模式"。

2019 年，浙江嘉興市圖書館一年辦了 5000 場活動，參加的大多是老年人。這些活動的內容除了交流老年人喜歡的琴棋書畫和養生保健外，更多的是教老年人使用智能手機，學會查公交線路、淘寶購物，甚至是在網上去買賣貨物等，還教老年人怎麼做電子相冊、電子日曆，怎麼拍照選照片，配音樂上字幕，然後發到微信群裏……

◇◇◇◇◇◇

 為解決發展上的難題，有甚麼新的戰略性構想？

答　最引人注目的，就是三句話。

立足新發展階段。中國進入全面建設社會主義現代化國家的新發展階段。新發展階段主要是推動高質量發展。

貫徹新發展理念。就是把創新作為發展的第一動力，實現經濟社會各個領域的發展，並且是在優化環境的前提下發展，在對外開放中發展，由人民共享發展成果。

構建新發展格局。由於經濟全球化呈現退潮跡象，中國發展的外部環境發生明顯變化，必須因勢調整，構建以國內大循環為主體、國際國內雙循環相互促進的新發展格局。在繼續融入國際大循環的基礎上，讓國內供給和國內需求對經濟循環起主要的支撐作用。

中國往這三個方向努力，不是在解決想象中的問題，而是在回應新時代行程的真實挑戰，期望在變局中開出新局。

◇◇◇◇◇

問　　新時代行程的現代化訴求，應該包括甚麼內容？

　　現代化是一個不斷探索、漸進積累的過程。剛開始的時候，中國看重的是經濟上的現代化，不久提出物質文明和精神文明兩手抓，兩手都要硬。到了 20 世紀 90 年代，覺得兩個文明還不夠，於是提出了物質文明、政治文明、精神文明三個文明。進入 21 世紀，再提出構建和諧社會，實際上就是社會文明。到 2012 年，又增加了生態文明。

新時代行程的現代化願望，由此體現在社會主義市場經濟、民主政治、先進文化、和諧社會、生態文明五個方面全面展開，追求 14 億人口這種巨大規模的現代化、共同富裕的現代化、物質文明和精神文明協調發展的現代化，人與自然和諧共生的現代化，而且是和平發展，超越了西方國家靠侵略擴張積累資本的老路的現代化。中國縱跨兩個世紀的追趕，走出的就是這樣一條中國式的現代化道路。

第三章

命運
中國道路

有人會問，為甚麼讓這群"窮孩子"來打棒球？

我想說的是，面對任何一項運動，所有人的機會都是平等的……"窮孩子"們身上有一種"衝勁兒"，他們應該有這樣一種機會改變自己的命運。

——孫嶺峰（中國國家棒球隊前隊長）

創造是一種遭遇的結果，文明總是在異常困難、而非異常優越的環境中降生。

——湯因比（英國歷史學家）

中國有條路

◇◇◇◇◇

問　中國人喜歡談論中國道路，認為自己拓展了發展中國家走向現代化的途徑。把自己的道路選擇看得格外重要，背後有甚麼特別考慮？

答　任何國家的經濟社會發展，都會沿著相應的路子前行。只是在前行過程中，有的發展得快一些，有的發展得穩一些，有的發展得慢一些，有的可能在原來的路子上走不下去，而不得不改弦易轍，重新選擇路子。

道路的重要不言而喻，它決定著一個國家有沒有發展前途和充滿希望的未來。

"道路決定命運"，中國道路決定中國人的命運，並且往好的方面改變了人們的命運。這種改變，常常是從細枝末節的地方開始的。

有個四川大涼山地區的彝族姑娘叫阿牛。6 歲的時候，她在家鄉一所海拔超過 2500 米的學校讀一年級，每天早晨天還沒有亮，她就背著弟弟，打著手電筒，不避風霜雪雨，從家裏翻過三座山，走將近兩個小時的山路到學校上學。小小身板，練就一身力氣。

2019 年，小阿牛被中國國家棒球隊前隊長孫嶺峰接到自己在北京創辦的 "強棒天使" 棒球基地，一起到來的還有其他 17 名涼山彝族小姑娘，她們組建成一支 "彝族之光" 女子棒球隊。孫嶺峰覺得，這些小姑娘打棒球取得世界冠軍的概率要比打壘球的概率大。

2020 年，有人把這些困境少年打棒球的故事拍成紀錄片《棒！少年》，引起關注。孫嶺峰接受採訪時說，"面對任何一項運動，所有人的機會都是平等的"，"'窮孩子'們身上有一種 '衝勁兒'，他們應該有這樣一種機會改變自己的命運。"

我受到的啟發是，任何國家，尋找發展的機會都是平等的。但能不能把握住發展的機會，關鍵在道路走得對不對。中國就像那些打棒球的 "窮孩子"，靠 "衝勁兒" 找到了一條好的道路。

中國道路創造了 "兩個奇跡"，一個是經濟快速發展的奇跡，一個是社會長期穩定的奇跡。只發展，不穩定，不是一條好的道路；只穩定，不發展，社會沒有活力，也不是一條好的道路；既發展，又穩定，才算是走在一條正確的發展道路上面。而且，中國的發展是 "長期" 穩定。這是很難做到的。一些發展中國家在現代化過程中，都受到發展和穩定看起來很難兼容並存的困擾，終究因為沒有擺脫這個困擾而翻了船。

◇◇◇◇◇

問　　現在談中國道路的文章和書籍有不少。我不大清楚的是，人們說的中國道路，究竟是一種政治意識形態和政治經濟制度上的概念，還是追趕現代化的具體途徑和實踐方法。我接觸到的不少人是從後一個角度來理解的。

答　　應該兼而有之。如何辨別和界定國家道路沒有一定之規。總體上說，國情不同，發展道路也會有不同。

　　不同國家的發展道路有相同的地方，也有不相同的地方。鄧小平說："只要不搞社會主義，不搞改革開放，不改善人民的生活水平，走任何一條路，都是死路。"這三層意思中，搞社會主義，是中國道路和西方模式根本不同的地方。

　　中國道路，是中國特色社會主義道路的簡稱。

　　對中國道路的表述過程，有一個逐步清晰起來的過程。

　　在改革開放前，毛澤東說決心要"找出在中國怎樣建設社會主義的道路"，他還使用過"中國工業化道路""自己的建設路線""適合中國的路線"這樣一些說法。

　　改革開放後，提出走一條自己的路，最早源於鄧小平 1982 年的一個說法。他講："走自己的道路，建設有中國特色的社會主義，這就是我們總結長期歷史經驗得出的基本結論。"隨後，他明確講："總的來說，這條道路叫作建設有中國特色的社會主義的道路。"

　　從此，"中國特色社會主義的道路"成為中國發展道路的正式名稱。但與此同時，也時常用其他概念來指代這條道路。

　　鄧小平分別使用過"中國式的現代化道路""中國的發展道路""中國自己的模式""中國的發展路線""中國的社會主義道路"這樣一些概念，意思基本等同於中國特色社會主義道路。

　　江澤民在對外交往中，談到此前蘇聯的社會主義道路、西方發達國家的道路、發展中國家的發展方式時，常用"模式"這個概念。談到中國，則用"社會制度和發展道路"來指代中國特色社會主義道路。比如，他說，"各國人民都有權根據本國的具體情況，選擇符合本國國情的社會制度和發展道路"。

　　胡錦濤通常用"發展道路、發展模式"來指代中國特色社會主義道路，比如，他說，要"不斷完善適合我國國情的發展道路和發展模式"。

習近平 2013 年 1 月 5 日在中央黨校的講話中說："近年來，隨著我國綜合國力和國際地位上升，國際上關於'北京共識''中國模式''中國道路'等議論和研究也多了起來。……所謂的'中國模式'是中國人民在自己的奮鬥實踐中創造的中國特色社會主義道路。"

兩個月後，在十二屆全國人大一次會議上的講話中，習近平第一次明確用"中國道路"來代稱"中國特色社會主義道路"，原話是："實現中國夢必須走中國道路。這就是中國特色社會主義道路。"

從此，人們習慣於將中國特色社會主義道路，簡稱為中國道路。

◇◇◇◇◇

問　　看來，中國道路是個內容寬泛的政治哲學概念。一般人的習慣是把它和中國現代化發展模式聯繫起來，理解為和西方不一樣的經濟社會發展方式，通常不大有興趣深究中國道路的全部內涵。

答　　還是有必要把中國道路的基本內涵擺列一下。總體上說，中國道路主要有實踐、理論、制度和文化四種形態。

所謂實踐形態，是指經濟、政治、文化、社會、生態各個領域的具體發展道路。比如，中國特色的政治發展道路、文化發展道路、法治道路、鄉村振興道路、自主創新道路、新型工業化道路、農業現代化道路、城鎮化道路、扶貧開發道路、衛生與健康發展道路、大國外交道路等。

所謂理論形態，包括在改革開放的實踐中形成的鄧小平理論、"三個代表"重要思想、科學發展觀組成的中國特色社會主義理論體系；從新時代新的實際出發創立的習近平新時代中國特色社會主義思想。它們是對實踐的理論總結，反過來又指導實踐的發展。

有了實踐和理論，怎樣保證它們在現實中有序和穩定地運行呢？這就需要把治國理政實踐中好的做法，沉澱為中國道路的制度體系和治理體系。後面要專門談中國制度，這裏就不舉例了。

中國道路的實踐、理論和制度，是在歷史文化的土壤上生長出來。中國道路的文化形態，包括中華優秀傳統文化，以及在革命、建設、改革中創造的革命文化和社會主義先進文化。

中國道路的四種形態，是一種有機組合。其實踐形態，有制度支撐，有理論指導；其制度形態，沉澱著文化價值；如果沒有成功的實踐，理論的科學性會打折扣，文化也延續不下去。

◇◇◇◇◇◇

問 從意識形態的角度看，中國道路和過去說的社會主義道路是甚麼關係？

答 中國道路，歸根結底是社會主義道路。當然，它不是經典作家論述的原汁原味的那種社會主義。

中國是 1956 年進入社會主義社會的。進入的辦法有明顯的 "中國特色"，有很大的創造性。

世界上第一個社會主義國家蘇聯，進入社會主義的辦法，在城市，是 "用赤衛隊進攻資本"，在農村，甚至有 "消滅富農" 的口號，通過工廠和土地迅速國有化向社會主義過渡。這種激進的社會變革方式，激化了國內矛盾，引發了惡性衝突事件和農村的動蕩。

中國進入社會主義，走的是一條和平改造道路。

這條道路，在農村是搞農業合作化，把農民擁有的土地集中起來共同經營。改造的過程是和一個來自河北省遵化市（於 1992 年被設立為縣級市，編者註。）的故事聯繫在一起的。

故事的主角是一個叫王國藩的普通農民。1952 年，他把村裏最窮的 23 戶農民聯合起來辦起了一個初級社。辦社之初，他們只能靠農閒的時候上山砍柴換來一些簡單的農具。合作社最主要的生產資料是一頭驢，但這頭驢還有四分之一的使用權屬於沒有入社的農民，因此人們把他們叫作三條驢腿的 "窮棒子社"。靠著這 "三條驢腿"，這個 "窮棒子社" 在第二年就發展到了 83 戶，糧食畝產從 120 多斤增長到了 300 多斤。

毛澤東聽說後，對這個故事的評價是："我看這就是我們整個國家的形象，難道六萬萬窮棒子不能在幾十年內，由於自己的努力，變成一個社會主義的又富又強的國家嗎？"

社會主義和平改造道路，在城市，則是通過 "公私合營" 和 "定息制度"，對在國家經濟總量中佔比已經很少的私營工商業進行 "和平贖買"。

改造的過程也是從一個故事開始的。

今天到北京來旅遊的人們喜歡到前門的 "全聚德" 品嚐一下烤鴨美食。20 世紀 50 年代初，這家有名的百年老店陷入蕭條，甚至走到山窮水盡的地步。當時的經理、全聚德第六任掌櫃楊福來，為了給職工發工資，開始變賣家產，甚至把自己妻子的陪嫁首飾都賣了，但仍無濟於事。北京市市長彭真知道後讓國家投入資金，使資本家的私人企業變為 "公私合營" 的企業。楊福來以資方代表身份任副經理，主管業務和接待，一直幹到退休。

　　後來，政府推廣定息制度，將“公私合營企業”中資方擁有的股息紅利，改為每年給資本家支付 5% 的定額利息。通過這種方式，資本家不再保留對企業的所有權，但仍然擔任企業領導職務，領取相應的工資。

　　1955 年 10 月底，毛澤東兩次邀請工商界代表人士談話，希望大家能認清社會發展規律，掌握自己的命運，主動走社會主義道路。毛澤東說：“我們的目標是要使我國比現在大為發展、大為富、大為強。”“而這個富，是共同的富，這個強，是共同的強，大家都有份。”

　　被譽為“紅色資本家”的榮毅仁表示：當然我們很珍視我們的企業，但不能目光太小，“我們還要不斷地進行幾個五年計劃的建設，使我們的國家更發展，生活更好。所以，我對未來是抱有無窮的美好希望的。”

　　到 1956 年，基本上完成了社會主義改造，實現中國有史以來最深刻最偉大的社會變革。

　　在這以後，逐步拓展出來的中國道路依然圍繞社會主義做文章，著重回答和解決的問題是：“甚麼是社會主義、怎樣建設社會主義”。進入新時代後，又增加一句話：“堅持和發展甚麼樣的中國特色社會主義、怎樣堅持和發展中國特色社會主義”。

　　鄧小平還對社會主義的本質作了這樣的概括：“解放生產力，發展生產力，消滅剝削，消除兩極分化，最終達到共同富裕。”

◇◇◇◇◇◇

問　　你多次談到共同富裕，看來這是評判中國道路的一個關鍵詞。

的確，不走共同富裕之路，就沒有中國道路可言。毛澤東早在 1955 年就說過，讓人民群眾共同富裕是中國共產黨得到人民群眾擁護的根本原因，而且，"這種共同富裕，是有把握的，不是甚麼今天不曉得明天的事"。今天，小康社會在中華大地上的全面建成，如果不讓共同富裕取得更為明顯的實質性進展，中國共產黨就守不住人民的心，中國道路就不算真正成功。

　　當然，新時代促進共同富裕，有幾個基本原則是明確的。一是，要鼓勵勤勞致富。也就是說，共同富裕是靠人民幹出來的，而今天的幹，需要高素質的勞動能力、生產能力。二是，要堅持基本經濟制度，我們仍然處於社會主義初級階段，不能動搖公有制為主體、多種所有制共同發展，不能動搖按勞分配為主，多種分配方式併存這樣一些制度設計。三是，既要盡力而為，也要量力而行。主要是要形成一種合理的分配格局。四是，要明確共同富裕是一個長遠奮鬥目標，有一個逐步接近的過程。也就是說，共同富裕不是同步富裕，是分階段的；共同富裕也不是同等富裕，更不是劫富濟貧，去搞平均主義，主要是擴大中等收入群體。

<hr />

　　舉個例子，說說中國社會主義的"特色"在哪裏？

　　早在 1890 年，恩格斯就明確講："'社會主義社會'不是一種一成不變的東西，而應當和任何其他社會制度一樣，把它看成是經常變化和改革的社會。"

　　中國道路形成和發展過程中，其土地制度便呈現出"經常變化和改革"的活躍局面。

1927 年到 1937 年，中國共產黨領導的革命叫"土地革命"，具體做法是把地主的土地直接分配給沒有土地的農民。

1937 年到 1946 年，為團結地主階級和人民一道進行抗日戰爭，中國共產黨轉而實施"減租減息"的政策。允許地主把土地租給農民耕種，但收取的租金適當減少一點。地主借給農民的錢，仍然可以收利息，但需要減少一點。

抗日戰爭結束後，1946 年國民黨和共產黨之間爆發了戰爭，為實現"耕者有其田"這個民主革命的根本任務，爭取更多的農民加入革命隊伍，中國共產黨轉而實施"土地改革"政策，把土地分配給沒有土地的農民。

在向社會主義過渡的過程中，從 1953 年開始，又把農民單家獨戶擁有的土地集中到村裏，搞農業生產合作社，大家共同生產經營，由此形成集體所有的土地制度。

從 1978 年開始，為調動農民的生產積極性，農村土地雖然還是集體所有，但分配給每戶農民承包經營。農民在自己承包的土地上，根據市場需求自主耕種，也不像過去那樣需要向國家和集體交"公糧"，每年只交相應的農業稅就行了。

2004 年，為增加農民的經濟收入，免除了實行幾千年的農業稅，農民在承包的土地上獲得的收入全歸自己所有。為鼓勵農民耕種糧食，國家每年還給每戶農民相應的補貼。

到了新時代，為促進農村經濟社會的發展，鼓勵城市擁有資本的企業家到農村投資，又推出農村土地"三權分置"新政策。土地"所有權"屬於村集體，"承包權"屬於農戶，農戶可以把承包地的"經營權"流轉給別人，並從別人的經營收入中獲取相應利益。有的地方，農民們自發地把土地集中起來，成立各種各樣的合作社，進行規模化種植和經營，甚至從事工業生產，有些像股份公司。這種做法，被稱為「中國特色的農業現代化道路」。

這條農業現代化道路，既體現了土地制度的社會主義性質，又和傳統的社會主義做法（如蘇聯的「集體農莊」）不一樣。

可見，中國道路不是抽象的社會主義道路，它在每個領域都有相應的制度創新。

從社會主義的發展歷史看，中國道路是世界社會主義運動經歷四次重大變化後的結果。第一次是馬克思主義的誕生，使社會主義實現從空想到科學的變化；第二次是十月革命的成功，使社會主義實現從社會思潮和社會運動到全面實踐的變化；第三次是第二次世界大戰後，出現十幾個社會主義國家，使社會主義的實踐實現從一國到多國的變化；第四次就是通過改革開始的中國特色社會主義，使社會主義實踐在世界上人口最多的國家，形成具有高度現實性和可行性的道路。

人們此前知道和具體感受到的社會主義，是 20 世紀蘇聯、東歐出現的那種社會主義，它在世界上曾是很有影響的模式。中國道路搞的社會主義，沒有簡單套用馬克思主義經典作家設想的那種「模板」，不是其他國家社會主義實踐包括蘇聯模式的「再版」。當然，也不是簡單延續中國歷史文化傳統的「母版」，不是其他國家現代化發展道路的「翻版」。

路從哪裏來？

◇◇◇◇◇

問　你說的"模板""再版""母版""翻版"這幾個比喻很有意思，但中國道路畢竟不是憑空產生的。它到底是怎麼來的，為甚麼中國會走上被叫作"中國特色社會主義"的道路？

答　湯因比在他的《歷史研究》中說："創造是一種遭遇的結果，文明總是在異常困難、而非異常優越的環境中降生。"走出一條中國道路不容易，經歷了漫長的歷史積累過程。由近及遠地說，它直接從改革開放 40 多年的實踐中走出來，從新中國 70 多年的持續探索中走出來，從中國共產黨 100 年的社會革命中走出來，從近代以來中華民族由衰到盛 180 多年的歷史經驗中走出來。

"走出來"，就三個字，很簡單，卻沉澱著無盡的酸甜苦辣，積累了近代中國各個歷史階段的經驗。這裏面有對自身命運的思考和選擇，有幾代人為改變命運進行的探索和奮鬥。

為尋找有效和可行的救國、興國、強國道路，大體經歷了這樣一些步驟。

第一步，器物引進。

中國人睜眼看世界，得出來的第一個結論是：西方憑藉船堅炮利把中國打敗了，我們必須向西方學習物質文明，只要在軍事和工業上發展起來，就能夠挽救頹勢。於是，花費巨資從英國、德國進口了一支艦隊裝備，號稱亞洲第一，世界第四。不料，1894 年與日本艦隊在黃海一戰而敗，被迫割地賠款。人們這才發現，光靠器物方面的引進救不了國，強不了國。

第二步，制度改良。

1898 年，以光緒皇帝為中心，聚集起一批知識分子決心變封建的君主制為君主立憲制，頒佈許多政治改革的措施。但這場變法運動因為觸及許多守舊官員的利益，遭到手握實權的保守派反對，很快就失敗了。幾年以後，清王朝政府醒悟過來，覺得還是需要改良制度，但為時已晚。時代的潮流已經把人們對救國道路的探索和選擇推向了第三步。

第三步，制度革命。

孫中山領導的民主革命索性打倒皇帝，推翻了幾千年來的封建統治。隨即參照西方制度建立了中華民國。孫中山還提出 "振興中華" 的口號。中華民國雖然實現政治制度的變革，但國家仍然沒有擺脫衰頹命運。先進分子開始反思，我們有了新的制度，為甚麼不能走上救國、興國、強國的道路呢？

第四步，文化變革。

從 1915 年到 1923 年，興起了一場轟轟烈烈的新文化運動。道路探索之所以走到文化變革這一步，是因為器物層面的提升、制度層面的改良和革命都沒有奏效，人們就想，或許是傳統文化中那些愚昧、保守、專制的東西阻礙了人們走上正確的救國道路，由此下決心來一個精神道德和社會價值領域的破舊立新，試圖從西方盛行的各種社會思潮中找到一條體現科學和民主的道路。

那些眼光敏銳的探路者，在眾聲喧嘩、炫目多彩的社會思潮中發現了來自西方的馬克思主義，選擇了蘇聯的社會主義。這就是中國共產黨 1921 年成立前後的歷史背景。

第五步，探索中國革命道路。

中國共產黨決定先搞新民主主義革命，反對帝國主義和封建主義。為此，中國共產黨付出很大的代價，甚至兩次陷入絕境才成功走出一條 "農村包圍城市，武裝奪取政權" 的革命道路，取得勝利後，創建了新中國。

第六步，創造社會主義和平改造道路。

新民主主義道路是社會主義的 "預備道路"，其前途是搞社會主義。1953 年到 1956 年，通過和平改造進入社會主義。

第七步，探索社會主義建設道路。

走甚麼樣的路才能把中國的社會主義建設好？沒有經驗，唯一能夠借鑒和參照的是蘇聯。向他們學習事實上從新中國成立的時候就開始了。

1949 年，在黨內排名第二的劉少奇，率一個代表團秘密訪問蘇聯，在蘇聯待了足足 50 天。他向斯大林提出，想利用 "在莫斯科的短短時間學習蘇聯"，並列出了一份龐大的學習清單，包括蘇聯各種國家機構的設置、蘇聯經濟的計劃與管理、蘇聯的文化教育政策、蘇聯共產黨的組織與群眾團體之間的關係等，幾乎囊括了治國理政的方方面面。

1952 年，國務院總理周恩來率領一個代表團訪問蘇聯，向蘇聯政府通報第一個五年計劃的編制情況。中國政府此前集中一批頂尖的經濟行家，專門學習蘇聯編制五年計劃的書籍，搞了一個《五年計劃輪廓草案》。結果拿給蘇聯徵求意見時，被認為很不成熟，於是只好先務虛 "上課"。蘇聯計劃委員會有 14 名副主席，每人都來給中國政府代表團講解應該怎樣編制經濟建設計劃。

1954 年，中國文學藝術界聯合會（簡稱“文聯”），要召開第二次代表大會。有人說，蘇聯的群眾組織中只有作家協會，沒有文聯，是不是應該撤銷文聯這個組織。毛澤東一聽就發火了，說蘇聯沒有的，我們難道就不能有？

毛澤東後來談到這段學習的日子，曾感慨地說：我們在建設上懵懵懂懂，只能基本照抄蘇聯的辦法，但總覺得不滿意，“心情不舒暢”。

心情不舒暢的中國，終於發現蘇聯的社會主義模式有毛病，不能全部照搬過來，於是下決心走出一條適合中國國情的社會主義建設道路。毛澤東那一代人苦心探索，不斷實踐，為後來中國道路的開闢提供了寶貴經驗、理論準備、物質基礎。同時，也有曲折和失誤。比如，發生了“文化大革命”這樣的“內亂”。

經歷長期探索的積累和醞釀，中國道路最終被送上“產床”。

第八步，通過改革開放，開創中國道路。

“文化大革命”結束後，決定改革與生產力不相適應的生產關係，改革與經濟基礎不相適應的上層建築，並且把對外開放確立為基本國策。中國道路由此在改革開放的“產床”上呱呱出世。

◇◇◇◇◇◇

問　這好像又是一部長篇“民族史詩”。看來，第八步最為關鍵，你把它比喻為中國道路的“產床”。在“產床”上“分娩”，陣痛必然劇烈。在改革開放過程中，是怎樣突破各種傳統的思想障礙，“生產”出中國道路這個“寶貝”的？

突破的障礙有很多。比如，怎樣才能實現共同富裕？過去的辦法是搞平均主義，並且認為，只要搞社會主義，就不能出現超出普通人經濟收入的"富人"。這樣的做法，不利於調動人民的創造積極性，不利於解放和發展出更高的生產力。

1978年，鄧小平到廣東視察，聽說當地有規定，農民養三隻鴨子是社會主義，養五隻鴨子就可能會拿到集市上去賣，就不是社會主義了，屬於"資本主義尾巴"，要割掉。他感到很奇怪，認為這沒有道理。

於是，鄧小平提出來，"可以讓一部分人、一部分地區先富裕起來"。這個提法，人們當時是不容易接受的，以至於鄧小平不得不說，這是毛澤東講過的。

與共同富裕相關的，還有一個如何看待民營企業的問題。如果你熟悉《鄧小平文選》就會發現，裏面曾兩次談到一個"小人物"。

安徽省蕪湖市當時有個叫年廣九的個體戶，支上大鐵鍋，架上柴火，炒賣老百姓喜歡嗑的瓜子。他還為自己的產品起了個名字，叫"傻子瓜子"。生意越做越大，一個人忙不過來，就僱用了10個人幫他炒賣瓜子，後來又陸續僱用了100多人。依據馬克思《資本論》裏說的，僱工超過8個人，就有剩餘價值被資本家剝削，年廣久的經營顯然超出了傳統社會主義所允許的範圍。

於是，上級部門專門派來調查組準備取締"傻子瓜子"。鄧小平聽說後表示："不能動年廣久，一動就人心不安，群眾就會說政策變了，得不償失。讓傻子瓜子經營一段怕甚麼？傷害了社會主義嗎？"

不料，第二年又有人將年廣久的案子上報到鄧小平那裏，鄧小平只好批示，"放一放，看一看"。這一放就是7年。到1987年，僱工超過8人的民營企業比比皆是，中央發出的文件中，民營企業的僱工人數被"允許"徹底放開。

突破這些思想難關,社會生產力被釋放出來,一部分人和一部分地區漸漸富裕起來,社會財富的積累也多了起來。隨後,經過第一次分配(工資等)、第二次分配(財政轉移支付、社會保障和扶貧等國家行動)、第三次分配(社會捐助、慈善事業等),逐步往"共同富裕"方向前進。

⬦⬦⬦⬦⬦

問　談中國道路,人們總是把改革和開放連在一起。在開放過程中,又是怎樣跨越那些橫擋在路上的"關隘"的?

答　對外開放,經歷了兩道難關。

第一道難關是業務上不大懂。

負責對外開放的政府官員還不完全清楚引進外資、搞合資企業是怎麼一回事,後來擔任過政府副總理的李嵐清曾回憶他第一次和美國一家企業談合資的往事。對方提出搞合資經營,李嵐清沒有聽說過這個概念,問他甚麼叫合資經營,對方只好掏出自己的錢包,又讓李嵐清拿出自己的錢包,把兩個錢包的錢合到一起,說:咱們一起投資,賺了錢,按出資多少分紅。

第二道難關是思想上不大通。

在創辦深圳等經濟特區過程中,把土地租給境外企業,讓他們來投資辦廠,很容易讓人想起舊社會的租界,一些人心裏接受不了。深圳經濟特區建設初期,曾提出一個口號,叫"時間就是金錢,效率就是生命"。既要"錢"又要"命",這好像與過去講的社會主義價值觀是兩回事，於是引來一場劇烈的討論。有位老幹部到深圳考察後回到北京，感慨道：除了五星紅旗，都變了顏色。

眾說紛紜中，鄧小平 1984 年去了一趟深圳，明確表示，"深圳的經驗證明創辦經濟特區是成功的"，這才一錘定音。

在改革開放實踐中，中國共產黨還認識到，建立起來的社會主義社會還處於初級階段，仍然屬於發展中國家，這是基本國情。這樣的國情，表明中國還不屬於馬克思主義經典作家所設想的在經濟高度發達的基礎上建立的社會主義社會，因此，不能搞完全的公有制，不能搞高度集中的計劃經濟。

◇◇◇◇◇◇

問　中國道路 "走出來" 的過程確實步步艱難。敘述這麼複雜曲折的道路探索和選擇過程，最終想說明甚麼？

答　主要是想說明：中國道路不是拍腦袋想出來的，也不是純粹按照馬克思主義經典作家的設想編織出來的。前人的探索總是給後人提供經驗或教訓，從而使後人的探索比前人更進步和科學。

在道路探索過程中，孫中山那一代人是先行者，毛澤東那一代人對中國道路有探索和奠基之功，鄧小平那一代人有開創之功，江澤民那一代人成功把中國道路推向 21 世紀，胡錦濤那一代人成功在新的歷史條件下堅持和發展了中國道路，以習近平為代表的這一代人在這條道路上推動黨和國家事業發生歷史性變革，使中國道路進入新時代。

這就是我們關於中國道路的歷史觀。

◇◇◇◇◇

　　讓人感到好奇的是，中國既然已經走出了和毛澤東時代不一樣的新路，而毛澤東已經去世將近半個世紀了，他去世前還搞了"文化大革命"，為甚麼還認為他對中國道路有探索和奠基之功？即使今天的中國，有人還把毛澤東當作神一樣看待。

　　把毛澤東當成神是不對的，理性的人們不會這樣。否定毛澤東也是不對的。之所以出現人們說的已經走出一條新路，還仍然推崇毛澤東，理解毛澤東，在承認他晚年犯了嚴重錯誤的基礎上，繼續堅持和發展毛澤東思想，原因很簡單，毛澤東和那一代共產黨人在改變中國命運的過程中起了關鍵作用。沒有中國革命的成功，沒有新中國的成立，沒有社會主義基本制度的建立，沒有社會主義建設形成的比較完整的工業體系和國民經濟體系，哪會有中國道路的開闢呢？道理就是這麼簡單。

　　一個人不能一次跨越很寬的壕溝，每一代人都只能做他那一代人的事情。有的做對了，有的做得不對，怎麼辦？

　　鄧小平處理得非常好。他說過幾句話，意思是：我們現在要做的事情，主要是把毛澤東那一代人做得對的堅持下來；把他們提出來、設想過但沒有去做的事情做起來；把他們做錯的事情改正過來；把他們做得不夠好但總體上還可以去做的事情，進一步完善起來；當然，還要做毛澤東那一代人沒有遇到過的新事情。

　　這就是形成中國道路的歷史邏輯。

趕路人的風景

◇◇◇◇◇◇

問　中國道路的來龍去脈，大體清楚了。人們最想知道的，還是中國道路和普通人的關係？

答　從根本上說，中國道路是中國共產黨領導和依靠人民的奮鬥得來的。它是一條造福人民，體現公平正義原則的道路；是一條以物質文明和精神文明相協調，促進人的全面發展的道路；是一條重塑中國人的命運，讓中國人民的生活品質和精神面貌發生深刻變化的道路。用的詞可能比較大，其實都離不開一個"人"字。

◇◇◇◇◇◇

問　這個回答很乾脆，但需要具體解釋一下。

答　人們常說，時代匆匆，其實，時代沒有"腳"，穿行時代的，總是那些築路和趕路的人。

說中國道路是人民的道路，第一個含義，它不僅是歷史選擇的，也是人民選擇的，人民是中國道路的創造主體。

改革開放前，每個鄉的農民組織在一個公社當中，下面分成若干

生產大隊，生產大隊（相當於今天中國的行政村）下面又有若干生產
小隊（相當於今天中國的自然村）。大家集體出工幹農活，收穫的糧
食除了一部分交給國家以外，其餘分配給農民自用。這樣的做法時間
長了，難以調動農民的生產積極性。

　　讓人們吃飽飯，始終是最大的問題。1978 年，一些地方的農民
就自己想辦法了。他們悄悄把集體的土地，承包給每家農戶耕種，收
穫的糧食只要交夠國家和集體的公糧，剩下的都是自己的。這樣一
來，農民起早貪黑地幹，糧食產量上來了，農民也能吃飽飯了。

　　但這種做法是當時國家法令不允許的，農民們只有捨命共擔，才
敢一試。在安徽省鳳陽縣小崗村，為防止領頭承包土地的生產隊幹部
以後出現意外，社員們約定，萬一出了事情，大夥就把領頭人的子女
撫養到 18 歲，並且在一份秘密契約上按上了各自的手印。

　　土地承包的辦法農民試了兩三年，年年糧食豐收。中央政府覺得
效果不錯，正式把“農民土地聯產承包責任制”確定為中國道路的一
項內容。

　　中國道路還有一項內容，叫建設生態文明，這是改善人們生存環
境的大政策。在河北井陘縣冶里村，有兩個老頭，一個叫賈海霞，雙
目失明；一個叫賈文其，失去雙臂。他們可以不勞動，在農村享受最
低生活保障也能生活下去。但是，2001 年兩人決定承包村裏沒有人
要的 50 多畝河灘地，村委會一分錢沒要就和他們簽了合同。每天早
上，看不清道路的賈海霞就牽著賈文其的衣服去河灘種樹。過河時，
賈海霞幫助沒有雙臂的賈文其捲起褲腿，賈文其則背著賈海霞蹚過河
去。種樹時，沒有雙手的賈文其用腳指頭把住水桶，給樹苗澆水；雙
目失明的賈海霞就用手摸索著不讓小樹苗倒下。

　　一個有手，一個有眼，你是我的手，我是你的眼。十幾年過去

了，兩位老人已經種下 10 多萬棵樹，硬是把 50 多畝荒涼的河灘打造成了綠樹林。賈海霞和賈文其用 "非常" 的勞動方式，打造了一道生態文明風景，也打造了一道 "築路人" 的人文價值風景。

◇◇◇◇◇◇

問 中國道路在改變中國的同時，又給這些普通的創造者們帶來了甚麼？

答 機會和平台。中國道路給人們提供全面發展的機會和成長平台。

有一個綽號叫 "北大屠夫" 的陸步軒，從小生活在陝西省長安縣（現陝西省西安市長安區，編者註。）一個小鎮上。1985 年，他以當地文科第一名的成績考上北京大學中文系，這算是 "鯉魚跳龍門"。那時候，大學畢業生就業主要由國家分配。1989 年，喜歡研究語言的陸步軒被分配到家鄉一個生產柴油機的工廠。這份工作似乎很不理想，他後來下海經商，幹過不少行當，最後乾脆開了一家賣豬肉的店舖，成天戴著眼鏡在肉舖裏砍剁豬肉。

2003 年，陸步軒的經歷引起輿論關注。有人說一個北京大學的畢業生去賣豬肉是浪費人才。礙於社會輿論，當地有關部門給他在區檔案館重新安排了一份工作，但陸步軒已經在賣豬肉的職業道路上難以回頭了。他撰寫的《豬肉營銷學》很出名，還辦起了與營銷豬肉有關的學校。這幾年，他的生意做得很紅火，和校友共同創辦的 "壹號土豬" 品牌，2018 年入駐全國 30 多個城市，銷售收入達到 18 億元人民幣。現在他還在抖音上當起 "網紅"，跟年輕人聊聊豬肉，談談人生，發一條短視頻，就有許多人點讚。

無論從哪個角度看，陸步軒的故事在中國道路上都是常見的。中國道路給人們帶來的是就業觀念、生存環境的變化，還有職業選擇、生活方式的自由。

◇◇◇◇◇◇

問　陸步軒的成功，可能有僥倖的因素。他如果沒有北京大學畢業生這個身份，可能不會引起太多人的關注。

答　不排除這個因素。但從大環境看，當中又有必然因素。在開創和發展中國道路過程中，每一個關鍵節點上，都創造了一批"趕路人"。只要站在了時代風口，放飛自己的夢想，就比較容易創造出意味無窮的命運風景。

開創中國道路，是從 1978 年開始的。這年春天，恢復大學入學考試制度後錄取的第一批大學生跨進了大學校門。幾天前，他們還身處農村的田野、工廠的車間、部隊的軍營，是社會基層的勞動者。現在，他們被稱為"天之驕子"。

這年，作家徐遲的報告文學《哥德巴赫猜想》讓整個世界都認識了一個叫陳景潤的數學家。他身居斗室攻克數學難題的故事贏得社會普遍尊重，激勵了許多青年學子。知識分子再也不是"臭老九"，一下子空前地吃香起來。

1984 年，中央下決心放棄高度集中的計劃經濟體制，建立社會主義商品經濟體制。從農村開始的改革由此在各個領域全面鋪開，一些在計劃經濟體制內捧著"金飯碗"的人坐不住了。

此時在中國科學院做研究工作的柳傳志已經 40 歲。11 月，他懷揣中科院的 20 萬元投資開了一家"中國科學院計算機新技術發展公司"。沒有生意做，就去擺攤賣運動褲和家用電器。人們沒有想到，就是這家後來叫聯想集團的企業，躋身世界 500 強企業行列。

除了柳傳志，這年前後下海經商後來成為著名企業家的還有不少。比如在房地產業呼風喚雨的萬科集團創始者王石，如今名滿全球的華為集團創辦人任正非，他們被稱為中國企業家中的"84 派"。

1992 年，開始確立社會主義市場經濟的改革目標，掀起新一輪改革開放大潮，市場經濟開始全面進入人們的經濟生活。

拍賣的槌聲在這年此起彼伏地響起。上海拍賣私車牌照，武漢拍賣虧損的國有企業，到處都在拍賣吉祥電話號碼。青島電話號碼拍賣創下紀錄，一個 908888 的吉祥號，當時以 11 萬元的高價被一個鄉鎮企業買下。上千萬人在這年蜂擁進入股市。為能夠買到新股，深圳的股民在炎熱的夏天提前一天排起長隊，認購的時候甚至發生騷亂。

靠養鵪鶉起家轉而生產豬飼料的四川人劉永好，1992 年成立中國第一家經國家工商局批准的民營企業集團——希望集團。這一轉折使他和他的企業走上了快速發展的路子。

1992 年是民營經濟成長的關節點，又一批體制內的精英主動拋棄了"鐵飯碗"下海經商。他們中的不少人，後來成為成功的企業家，還給自己找了一個共同的名號，叫"92 派"。

屬於"92 派"的陳東升，當時在國務院發展研究中心工作，辭職後創辦了嘉德拍賣公司和泰康人壽保險公司。他後來回憶說："如果我 80 年代中期下海，別人肯定說我犯了錯誤；如果我 1989 年下海，別人肯定說我是混得不如意；但我 1992 年下海，別人的評價多是正面的，這就是社會主流價值觀變了，開始認同下海這個事了。"

◇◇◇◇◇◇

 你說的這些人的命運，結局都很好，有沒有故事結局不那麼好的？

答 　走向社會主義市場經濟體制的改革，是很痛苦的過程。市場經濟是個"萬花筒"，它帶來市場繁榮，也帶來價格波動；它帶來擇業自由，也帶來失業風險；它帶來收入的普遍增加，也帶來收入差距的擴大。當然，它也帶來制度創新和人們的觀念更新。

　　1998 年，為加快建立現代企業制度，讓國有大中型虧損企業擺脫困境，上千萬國有企業職工失去了工作崗位，當時還創造了一個新詞來指代他們的身份，叫"下崗職工"。

　　工人們下崗後，承受的經濟和社會地位的落差是顯而易見的。他們為改革付出的代價不能夠忘記。他們當中，一些人通過政府開設的轉崗培訓和再就業通道，重新上崗或另謀職業；有的按工齡長短一次性領取相應的補償金，算是和企業斷了關係；年齡大一些的就直接退休了。

　　大批下崗職工的出現，促進了社會保障制度改革。中國在此後相繼建立社會保障的制度體系，包括醫療保險、養老保險，等等。

　　"趕路人"的不同遭遇讓人感慨，也給人啟發，說明趕路和築路是一回事，都要付出代價。光趕路，沒有人築路，道路很快到了盡頭，於是你不得不逢山開路，遇水架橋。光築路，沒有人趕路，那新開出來的路又是給誰走的呢？趕路的人和築路的人，事實上是一波人，都要付出代價，這才有了路，所有的人才能夠不斷前行。

　　中國道路鼓勵人們主動去掌握自己的命運。著名歌唱家劉歡當時還演唱了一首很有命運感的歌曲，叫《從頭再來》，裏面說："心若在，夢就在，天地之間還有真愛。看成敗，人生豪邁，只不過是從頭再來。"

這條路兌現了一個承諾

◇◇◇◇◇◇

 　對那些需要別人幫助才能改變命運的人，比如貧困人口，中國道路有甚麼具體措施幫助他們？

答　　世界上有貧困，就有不穩定。一個國家混亂和衰落的原因有很多，但關鍵因素不外是社會兩極分化，矛盾不可調和。新中國走社會主義道路，就是要解開舊中國留下的這個死結。

　　中國花力氣最大、最受人民歡迎的事情是扶貧脫貧，口號是"全面小康路上一個也不能少"。

　　這是中國道路的拓路者對歷史的一項鄭重承諾。

　　為了兌現這個承諾，政府連續幾輪制定和實施大規模扶貧計劃。中國道路進入新時代後，又探索出更多精準有效的扶貧脫貧辦法。

　　先是要知道"扶持誰"。

　　各地組織基層幹部進村入戶，摸清導致貧困的原因，為每戶貧困人口建立相應的檔案，量身定做幫扶措施。扶貧幹部還要根據工作進展，時常更新電腦檔案，再經過研究分析，考慮是否調整幫扶辦法。這並不容易，誰真窮，誰假窮，有沒有隱瞞收入，實在是一項浩大的社會工程。除了中國，不知道有哪些國家願意而且能夠花這樣的力氣做這樣的事情。

然後是明確 "誰來扶"。

本地幹部自然要擔當扶貧的主角，中央甚至規定，在貧困縣沒有脫貧之前，貧困縣的縣委書記和縣長不能調動工作。從中央到地方各級黨政機關、事業單位和國有企業，都被指定一個幫扶對象，並且要派專人到貧困村去擔任村黨支部第一書記，全國累計選派 300 多萬名駐貧困村的幹部。為了拍攝一部紀錄片，美國庫恩基金會主席羅伯特·庫恩曾經和這些駐村幹部接觸過，他說："最令我吃驚的是，這些年輕駐村幹部，有些剛結婚，有些孩子還小，我初以為他們也就在貧困村待幾周或數月，實際上他們都會待滿兩年。他們常常住在一個泥草房裏，只有一個煤氣灶做飯。這些聰明又有抱負的年輕人對扶貧貢獻很大。"

比較富裕的東部省市還被要求對口支援貧困人口比較多的西部省區，對口支援不是做表面文章，有相應的責任義務。寧夏回族自治區在福建省的幫助下，專門設立了一個 "閩（福建）寧（寧夏）鎮"，安置從不適宜人類居住區域遷來的 4 萬多名貧困人口。現在，"閩寧鎮" 已經成為產業興旺的經濟技術開發區。2021 年，中央電視台播放的引起廣泛反響的電視劇《山海情》，說的就是 "閩寧鎮" 的故事。

國家還動員一些有實力的企業，不管是國有企業還是民營企業，對口支援貧困鄉村，利用貧困鄉村的資源投資辦企業。

最關鍵的是 "怎麼扶"。

辦法是分類施策。諸如，利用貧困地區的特色資源，投資建立一些工廠，或開發成旅遊景區，解決貧困人口的就業；把那些居住在條件惡劣，沒有發展餘地的貧困人口搬遷到縣城或條件較好的鄉鎮居住；一些生態環境很好，又不能搞開發建設的地方，從國家財政中拿出錢來就地補償，選聘一些貧困人口就地擔任生態護林員；通過教育培訓，提高貧困人口的就業能力；對那些喪失勞動能力或因病致貧的人口，最終通過社會保障制度和醫療救助，用社會福利來"兜底"。

2017 年 11 月，我曾到湖南省平江縣做過扶貧調研，這個縣在 2014 年確定的貧困人口是 15.4 萬。在縣城附近一個叫洪家墩的地方，我們看了正在建設的用於易地扶貧搬遷的建設工地，一共蓋了 9 棟 18 層的高樓，可安置 1932 戶貧困家庭，每戶只要交 1 萬元即可入住。周圍的商品房成交價是每平方米 4000 多元，即使買套 50 平方米的住房，也要 20 萬元。貧困搬遷戶入住以後，原來在村裏承包的土地仍然保留承包權，但可以轉包給其他人，獲取一份收入。到縣城居住後，縣裏各部門都會對口組織一些職業技能培訓，幫助他們在縣城找到工作。

在平江縣農村，我們還參觀了楊林街村一個叫"歡樂果世界"的扶貧企業現場。山上種有沙梨、小櫻桃、桃、棗等水果和油茶，供城裏人到農村採摘旅遊。這家企業從當地農戶手中轉包山地，每年給農戶一些錢，同時從當地貧困戶中聘用 15 人來負責園林種植。2015 年至 2016 年，當地農戶年均收入最高的達 55306 元，最低的也有 8655 元。

◇◇◇◇◇◇

 那些被幫扶的貧困戶就無所作為嗎？

增加收入，改善生活，脫離貧困戶行列，最終還是要靠自己的奮鬥和努力。

2017 年，河北張家口市蔚縣草溝堡鄉白莊子村有個叫白余的 68

歲農民，因為一場大病成了貧困戶。村委會安排他做護林員的工作，每年有 3500 元的收入。但白余沒有安於現狀，他從親戚朋友處籌借一些資金購養了幾頭母牛，新生的小牛犢每年能賣 1 萬多元錢。村裏的種植業也引進了新品種，銷路大好，他原來承包的 5 畝地，就有了不錯的收入。

2019 年 5 月 30 日，白余給村黨支部書記寫了封退出貧困戶的申請書，裏面說：“本人白余，承蒙你們的愛心幫助，我現在的經濟收入和家庭情況多有好轉，達到豐衣足食。因此我申請自願退出貧困戶和護林員，不再給國家和村委增加一些不必要負擔。希望各級領導批准我的申請。”

當然，確實也有貧困戶沒有作為，等著別人來幫助自己。2019 年，人們從手機上看到一個視頻，雲南省普洱市鎮沅縣扶貧女幹部李波，批評一些貧困戶：“每家進去就是房子不修理、路不修理，房子漏雨，嘴巴張開就叫。幸福不是張嘴要來的，不是手伸開要來的，不是在家中蹺著腳等來的。”

這段視頻引發比較大的社會反響。扶貧幹部李波的話有些刺耳，但在網上卻收穫不少好評。大家覺得這些刺耳的 “大白話”，其實是真正為貧困戶著想，只有心中牽掛貧困戶才說得出來。扶貧幹部想方設法激勵貧困戶靠雙手奮鬥去追求幸福是可以理解的。扶貧的真諦，是 “幫一把，牽著走一步”，不是一切包攬。

◇◇◇◇◇◇

問　　有兩個問題。在中國，甚麼樣的情況算是貧困人口？甚麼樣的情況算是脫離了貧困？應該有個量化標準。

標準是動態的，根據全社會的發展水平來定。比如，2001 年的貧困標準，是人均年收入不足 865 元，按此標準，當時的貧困人口有 9400 多萬。到 2011 年，貧困標準則提升到 2300 元，按此標準，當時的貧困人口增加到 1.22 億。

脫離貧困的標準，也逐步提升。2020 年的脫貧標準是人均年收入 4000 元，折算成人均可支配收入是 10000 元。實際上，中國貧困地區農村居民人均可支配收入，達到了 12588 元。這個標準超過了 2015 年世界銀行定義的人均每天 1.9 美元。

除了經濟收入，還有一些軟性標準，不為吃飯穿衣發愁，保障孩子接受義務教育，享受基本醫療服務，擁有安全住房，喝上乾淨的水等。這些標準，和中國的發展水平是適應的。

2020 年，中國貧困人口，全部脫掉了長期以來戴在頭上的那頂 "貧困" 帽子。走中國道路，兌現了對歷史的鄭重承諾。

在消除絕對貧困之後，以後要解決的是相對貧困問題，健全農村低收入人口的常態化幫扶機制，目標是實現鄉村振興。

◇◇◇◇◇

 具體描述一下農村貧困戶脫貧之後的生活面貌。

答　安徽省金寨縣大灣村，地處大別山腹地，曾是國家級貧困縣的重點貧困村，2020 年 4 月正式退出貧困村行列。

這年年底，15 歲的南非姑娘瑞貝卡·尼什和爸爸肖恩一起開車從合肥出發去大灣村，200 多公里的路程 3 個小時就到了。肖恩說："我以為一路上會很顛簸，沒想到旅途會這麼順利。" 來到借宿的村民家中，瑞貝卡發現屋子裏有空調、電視機和抽水馬桶，又試探著問了一下 Wi-Fi 密碼，竟然也有。

女主人告訴肖恩，她家曾是全村最困難的貧困戶之一，兩年前依靠當地銀行的幾筆小額貸款，又向親戚朋友借了些錢，把自己的房屋重新裝修，掛起了民宿旅館的招牌來接待遊客。旅館接待廳裏，還代賣各種山貨土特產。如今她家欠款已經還清，生活美了起來。

在清華大學讀碩士研究生的津巴布韋留學生烏俊傑，從北京出發，高鐵直通金寨縣，再轉乘個巴士，直接來到了大灣村小學。六年級的孩子告訴他，將來想去北大、清華，或者去海外上學；有的說長大想當醫生或女企業家。烏俊傑感慨地說：貧困的本質是選擇權受到限制，"當孩子們 5 年前還盼望著去一趟省會城市，如今卻夢想著出國看世界，這很能說明是真正脫貧了。"

同樣從北京來的馬來西亞籍媒體人植國民，則到了大灣村的衛生室。工作人員告訴他，這裏的貧困戶的醫藥費可報銷 90% 以上，同時，任何人感染上了新冠肺炎，醫藥費都是全免的。讓植國民印象深刻的是一個從外地打工回來的 "80 後" 年輕人，他帶著村裏很多老人一起養蜂致富，還得到中國航天科工集團支持，建成了智慧蜂場，生產的百花蜂蜜剛剛獲得一項業內大賽的金獎。

◇◇◇◇◇◇

 扶貧、減貧、脫貧，是全世界共同面臨的難題。像中國這樣，集中各方面資源，採取如此細密的辦法，實屬罕見。

答 這是由中國道路的社會主義本質決定的。改革開放以來，中國先後讓 7.7 億人口擺脫貧困，完成全世界 70% 以上的減貧任務，提前 10 年實現《聯合國 2030 年可持續發展議程》相關減貧目標。世界銀行行長金墉 2017 年 10 月 12 日在國際貨幣基金組織和世界銀行秋季年會新聞發佈會上說，全球極端貧困人口比重，從 20 世紀 90 年代的近 40% 降至目前的 10% 左右，其中絕大部分貢獻來自中國。

不能不說，這是人類進步史上的一個奇跡，是中國道路創造的最能體現公平和人道主義本質的故事。前面說到的拍攝中國脫貧紀錄片的美國人羅伯特·庫恩感慨道："中國的扶貧故事是世界上最偉大的故事之一，我相信未來的歷史學家在回顧這個故事時，會把它作為我們這個時代的標誌性事件。"

路上不見了 "飛來峰"

問　　　你說脫貧舉措和成效是由中國道路的社會主義本質決定的,其實西方發達國家的制度安排中,也有社會主義因素。在一般人看來,除了堅持中國共產黨的領導和某些政治制度的特殊設計外,中國道路和西方現代化道路可能沒有多大區別。

答　　　這或許是對中國道路的另一種誤解。

西方發達國家的制度和政策中,確實有社會主義因素。實際上,很難說世界存在完全徹底的自由資本主義國家。

法國在 1946 年的憲法中曾明確宣佈:"所有一切具有和將要具有為全民服務或事實上具有壟斷性質的財富和企業,必須全部成為全社會的財產。" 這和中國的國有企業制度安排有些相似。

遍布西歐各國並不時上台執政的社會民主黨,就是從傳統的社會主義政黨演變過來的。我 2012 年到歐洲社會黨總部參觀的時候,看到每位工作人員都戴著一枚玫瑰紅的胸章,一打聽,說是象徵理想和信念。

美國的經濟制度儘管是自由主義佔絕對優勢,但也不可避免擁有不少國家調控成分。諸如出現特殊情況,政府對企業進行調控或補貼;為數很多的政府財政轉移支付;通過向中產階級和富人徵收累進所得稅來補貼貧困者；發展公立學校；等等。這些做法，在西方語境下，也屬於社會主義因素。2020 年參與民主黨總統候選人競爭的桑德斯，因為想搞歐洲那種全民福利制度，被美國輿論稱為 "社會主義者"。

當然，我們可設想一下，如果桑德斯真的成為美國總統，美國真的會實施社會主義政策嗎？當然不會。因為西方發達國家的社會主義因素難成主流，並且缺少根本制度支撐。其社會主義因素有些像剎車片的作用，是防止國家在自由資本主義的道路上跑得太猛而翻車。

資本主義社會固有的結構性矛盾很難解決。2014 年，法國經濟學家托馬斯·皮凱蒂出版的《21 世紀資本論》很暢銷。他沿用了馬克思當年寫《資本論》的思想方法，對 18 世紀工業革命以來的財富分配數據進行分析，認為不加制約的自由資本主義，導致財富不平等的趨勢加劇，自由市場經濟不能完全解決這個根本矛盾。

◇◇◇◇◇◇

問　但不能否認，社會主義因素是西方發達國家的積極面。

答　社會主義的基本主張擁佔道義高點，這要歸功於馬克思。他在 19 世紀中葉預測，無產階級和資產階級的衝突將日趨激烈，無產階級將會取得勝利。革命將率先發端於工業革命的領頭國，如英國、法國和美國，然後再蔓延到其他國家。

◇◇◇◇◇

問 這個預測恰恰沒有成為現實。

答 問題就在這裏。為甚麼沒有成為現實？以色列學者尤瓦爾·赫拉利在他的《未來簡史》中，有一種解答。他說：

> 隨著社會主義的火炬逐漸得到擁護而壯大，資本家開始有所警覺，也細讀了《資本論》，並採用了馬克思的許多分析工具和見解。20 世紀，從街頭的年輕人到各國總統都接受了馬克思對經濟和歷史的思考方式。……當人們採用了馬克思主義的判斷時，就會隨之改變自己的行為。英法等國的資本家開始改善工人待遇，增強他們的民族意識，並讓工人參與政治。因此，當工人開始能在選舉中投票、勞工政黨在一國又一國陸續取得權力時，資本家也就能夠繼續高枕無憂。於是，馬克思的預言未能實現。英、法、美等工業強國並未發生大規模共產主義革命。

尤瓦爾·赫拉利的結論是："預測越準確，引起的反應就越多。"反應越多，引起改變的可能性就越大，從而使得資本主義和社會主義都沒有原地踏步。發達的資本主義開始汲取一些擁佔道義高點的社會主義因素，而社會主義國家則汲取一些西方發達國家的現代化經驗。

為此，中國探索出不屬於馬克思設想的那種"模板"的社會主義道路。比如，把建立和完善社會主義市場經濟體制作為中國道路的一個重要內容。

◇◇◇◇◇◇

（問） 你前面說到，中國道路不是西方現代化道路的"翻版"，事實上，有現成的西方現代化模式擺在那裏，中國跟在後面走，既省力，也不至於在意識形態上和西方衝突。

（答） 這個問題切中我們討論的要害。

自工業革命開始，不同國家和地區都基於自身的實際，探索走向現代化的途徑。由於現代化率先發生在西方，被人為地賦予了"優越感"，由此給西方帶來自信，似乎現代化只有他們那樣的途徑，其他道路不可能成功。這就是馬克思在《共產黨宣言》中說的，西方總是想"按照自己的面貌為自己創造出一個世界"。

◇◇◇◇◇◇

（問） 你前面說到形成中國道路有八大探索步驟，在漫長的"尋路之旅"中，中國確實曾大量向西方學習，為甚麼非得改走他路？

（答） 先要說明，中國道路是在改革開放中被開創出來的。改革，是對自身的"全面改革"；開放，是對外部世界的"全方位開放"。因此，不能說中國道路沒有吸收西方先進的文明成果。

近代中國，給了所有"尋路者"充分展示的機會。1949年以前，在國家層面走的基本上就是"翻版"的西方道路，誠心實意搬過西方模式的"飛來峰"，希望它們能夠解決中國的問題。

中國道路的奠基者毛澤東，對這段"尋路之旅"，曾在1949年作出過生動描述：

先進的中國人，經過千辛萬苦，向西方尋找真理。

求進步的中國人，只要是西方的新道理，甚麼書也看。向日本、英國、美國、法國、德國派遣留學生之多，達到了驚人的程度。

要救國，只有維新，要維新，只有學外國。那時的外國只有西方資本主義國家是進步的，它們成功地建設了資產階級的現代國家。日本人向西方學習有成效，中國人也想向日本人學。

學了這些新學的人們，在很長的時期內產生了一種信心，認為這些很可以救中國。

結果呢？"一切別的東西都試過了，都失敗了。"

因為西方的道路，是在西方國情土壤上自然生長出來的，在中國，它卻像"天外飄落的飛來峰"，在上面無法種出有用的花果。

於是，鄧小平承接毛澤東的論斷，繼續發揮說："世界上的問題不可能都用一個模式解決。中國有中國自己的模式。""要求全世界所有國家都照搬美、英、法的模式是辦不到的。"

中國的現代化道路，有其自身的內在動力和發展衝動。不是有更好的路子棄而不採，非得一意孤行改走他路不可，而是因為"中國不走這條路，就沒有別的路可走"。

在不發生動蕩，不使國家翻船的情況下，還要能夠從較低的起跑線上向前走得更快，顯然需要更大的動力和活力，更強的規則和凝聚力。中國道路滿足了這種歷史需求。

當然，治理比世界上發達社會人口總規模還要大的中國，政府的責任和使命要比西方各國政府大得多，重得多，複雜得多。中國人常常開玩笑說，如果讓西方社會的政治家輪番到中國來，按西方模式來治理，恐怕他們連一個月都幹不下去，要麼實在承受不了壓力，不願意幹；要麼被人民反對，不能幹；要麼中國混亂起來，幹不了。

◇◇◇◇◇◇

問　和其他國家的發展道路比較起來，中國道路有甚麼優勢？

答　發展中國家在走向現代化過程中，有三件事情比較難處理，或者說容易陷入兩難境地。

不改革原有體制不行，而改革發動起來後，一些國家的政府卻難以掌握改革的進程、節奏和方向，結果翻船，被自己發動的改革拋棄。

國家在逐步發展過程中，階層分化，利益訴求多樣化，由此激化社會矛盾，失去穩定。

現代化意味著對外開放，而且是全方位開放，但在開放中，一些國家又容易失去發展的自主權，從而使自己的利益受到國際資本和其他國家政治要求的挾持。

中國道路，避免了讓中國陷入以上三種被動局面。

◇◇◇◇◇◇

問　我們看到的現實是，冷戰結束後，起碼有一二十個國家出現了各式各樣的"顏色革命"，又被稱為"阿拉伯之春"，它們在道路重塑中，大都受了西方的影響而向"西方模式"靠攏。

答　為了尋找新的發展道路，一些國家調整或重塑自己的政治生態，

甚至主觀上覺得應該按西方發達國家的模式來治理自己的國家，我們
不會去說三道四。

學會 "拷貝" 西方模式是容易的，但並不一定會找到抵達未來的
現成 "鑰匙"。各種 "革命" 發生一二十年了，除少部分國家走上正
軌外，現在人們看到的事實是，一些國家政權頻頻更替，依然沒有穩
定下來；有的陷入常年內戰；有的經濟發展緩慢甚至停滯，安全形勢
難以恢復正常。

為甚麼它們沒有按西方的意願走上正軌？無論是西方精英，還是
經歷 "革命" 的當事人，在興奮消失之後都在反思，感覺在革命中呈
現的 "新鮮顏色" 給人們帶來的是 "虛幻的黎明"。

◇◇◇◇◇

 你的意思是說 "顏色革命" 和 "阿拉伯之春" 並沒有增加中國人
對西方道路的好感，增加的是對西方道路的警覺，強化了對中國道路
的認同？西方的輿論就沒有對中國產生影響嗎？

在改革開放初期，確實有人比較推崇以美國為代表的西方模式，
認為要實現現代化，向西方靠攏或許是一條可行的選擇。有的人也一
度很在乎美國和西方的輿論，躲在被窩裏偷偷聽 "美國之音"，私下
傳閱西方報刊消息，被認為是 "思想前衛" 的時髦之舉。

現在情況變了，思想依然前衛的年輕人，心態、思想發生了很大
改變，在他們走出去看世界之前，"已經可以平視這個世界了"。

外來模式的說教最終難以和中國道路的成功實踐辯論。在中國的
"趕路人" 和 "築路人" 眼裏，不見了 "飛來峰"。美國和西方針對中

國的宣傳變得可疑起來，削弱了曾經有過的光芒。

　　美國有個政治分析咨詢機構叫歐亞集團基金會，它在 2020 年 4 月發佈的全球民調報告稱："中國受訪者對美國的正面看法下降了 20%，對美國民主的正面看法下降了 15%。一半的中國受訪者認為，美國的影響使世界變得更糟。""中國受訪者越來越不喜歡美國的民主體制。"

◇◇◇◇◇◇

問　　冷戰格局結束時，有美國學者提出 "歷史終結論"，意思是說，資本主義道路、西方模式是人類社會的最終選擇。

答　　美國確實贏得了冷戰，但不是美國打敗蘇聯，而是蘇聯自己打敗了自己；不是資本主義戰勝了社會主義，而是蘇聯模式的社會主義犯了錯誤。

　　美蘇冷戰在 20 世紀 90 年代初結束時，中國道路的成熟程度、中國發展的成就還不像今天這樣。但正是從那個時候起，中國道路的優勢越來越明顯地轉化為中國的發展優勢。

　　冷戰結束後，幾乎所有西方發達國家同美國的差距都在拉大，但中國同美國的差距卻在拉近。日本的經濟總量在冷戰結束時是美國的 2/3，現在是 1/4 左右；德國當時接近美國的 1/2，現在是 1/5 左右；中國當時經濟總量只有美國的 1/15 左右，如今已經超過 2/3。

　　中國道路已經逐漸積累起對自身發展更為有利的戰略態勢。雖然它過去不是，將來也不會是一馬平川，依然會面臨各種難題和意想不到的風險挑戰，但中國人覺得，應該讓它在發展中去繼續證明自身的存在和意義。這樣一來，歷史就不會有終結的時候。

第四章

成長
中國制度

我們還調查了不同形式的共和制，許多國家在建國之初就播下了迷茫的種子，生生死死；我們也研究過歐洲列國，但沒有一部憲法適合我們美國。我們今天是靠智慧來設計整個國家和政府的模式。

——本傑明·富蘭克林（美國政治家）

我覺得我們必須拋棄非黑即白的簡單二分法。

有效的危機響應的重要分界線，並非是一邊是威權國家，另一邊是民主國家。

——福山（美國學者）

"奠基"時刻

◇◇◇◇◇◇

（問）　你說中國道路有實踐、理論、制度和文化四種形態，其中，制度是剛性的，對實踐運行、理論認識、文化生態都有相應的規範和約束。西方對中國道路的評價也會經常集中在制度上面。

（答）　如何看中國道路確實會聚焦到中國制度上面，國家進步和興盛的標誌是一整套新制度的確立。經濟社會的健康發展、國家外部影響力的擴大，大多屬於內部制度的有效延伸。所以，我們認為，制度優勢是一個國家的最大優勢。

◇◇◇◇◇◇

（問）　中國道路的制度形態是從甚麼時候開始建立的？

（答）　先說政治制度。中國政治制度有三塊大"基石"：人民代表大會制度，中國共產黨領導的多黨合作民主協商制度和民族區域自治制度，前面三塊"基石"在新中國成立的時候就明確了。它們是區別於其他國家制度的"政治基石"，是不能搬移的，只能根據新的歷史條件不斷地完善和發展。

　　總體上說，從新中國成立到改革開放前，屬於中國道路的制度形態奠基時期。

◇◇◇◇◇◇

問　　看來你想強調，中國政治制度在奠基時期就和西方政治制度有很大差異。

答　　確實如此。各國的制度體系，都是在其歷史文化和現實國情的土壤上長期演進的結果。雖然有的內容可以吸收外國的，但完全照搬，不現實，會發生水土不服的情況。

　　比如，在西方形成的君主立憲制、議會制、多黨制、總統制等，中國都經歷過、嘗試過，但總是走樣，搞不下去。

　　為了搞君主立憲制，清王朝政府在倒台前公佈中國第一部憲法《欽定憲法大綱》。世界各國憲法都是人民及其代表議定，唯有這部憲法是"欽定"，而且第一條就是要保障清王朝"萬世一系"，完全違背民主原則，故而它不可能起到維繫國家穩定的作用。

　　中華民國時期，執政者心目中的理想制度仍然是西方模式。孫中山構想出"五權憲法"這樣的模式，即國家設立立法、行政、司法、監察、考試 5 個平行機構，互相監督。據說這是世界上最分權、最民主的憲法。但當時中國最急迫的是要解決"一盤散沙"、如何統一的問題，"五權憲法"不可能落實。國民黨不得不先搞一黨"軍政"，繼而搞一黨"訓政"。

　　或許，世界各國的政治制度原本就沒有可以完全搬用的"飛來峰"。即使都實行總統制，法國的總統制明顯有別於美國的總統制，有人稱之為"半總統制",其政府總理的權力不小。西德和東德統一後,採用的是議會制而不是總統制。即使實行君主立憲制的國家,有的國王是名義上的國家元首,個別的也會履行某些實權,而英聯邦成員國則共同擁有一個國家元首。這些在人們看來,都是正常的。

可見,各國政治制度如果是穩定的,那它一定是在自己國情土壤上積累和創新出來的。

美國立國之初召開大陸制憲會議,在各方意見爭論不休、相持不下的時候,本傑明·富蘭克林說了這樣一段話:

> 我們需要一種政治智慧,我們在努力地搜尋這個智慧。我們研究過古代歷史中的政治模式,我們還調查了不同形式的共和制,許多國家在建國之初就播下了迷茫的種子,生生死死;我們也研究過歐洲列國,但沒有一部憲法適合我們美國。我們今天是靠智慧來設計整個國家和政府的模式。

繼承歐洲政治文明的美利堅合眾國開國者,尚且坦率承認,歐洲各國的制度模式沒有適合他們的。

新中國成立時,對國家制度的設計面臨同樣的情況。

◇◇◇◇◇◇

問　　具體說說人民代表大會制度,這塊"基石"是中國的根本政治制度,但是人們不大清楚它的具體面貌。

答　　人民代表大會是體現人民當家做主的組織形式,是權力機關。各級政府的組成人員，由同級人民代表大會選舉任免；各級政府的重大決策，由同級人民代表大會審議通過。全國人民代表大會是中國最高權力機關，其常設機關叫全國人民代表大會常務委員會，由 160 多位成員組成。

中國設有全國、省級、市級、縣級、鄉級五個層級的人民代表大會，共有 260 多萬人大代表，其中，全國人大代表有 2900 多名。縣和鄉鎮兩級人大代表，是由選民一人一票直接選舉出來的，佔到代表總數的 94%。市級以上的人大代表，由下一級人大代表選舉產生。

◇◇◇◇◇◇

問　　　有人對人大代表好像有些議論，覺得他們不像西方的議員那樣發揮作用。

答　　　這可能是誤解。我就講一個人大代表的故事，看看人民代表是一些甚麼樣的人，做甚麼事。

有位叫申紀蘭的人大代表，2020 年 6 月剛去世。她連續當了十三屆全國人大代表。對此不要驚訝，西方國家議會中也有從年輕當到去世的議員。

申紀蘭 18 歲嫁到山西省平順縣的西溝村，當時多數農村的習慣是，男人下地幹活，女人在家做飯、縫衣服、生個娃娃、餵頭豬。新中國成立後，申紀蘭為改變婦女地位，像男人一樣蹬上耙犁耙地，還發起一場和男人的勞動競賽。她還向村裏提出，男女要 "同工同酬"。申紀蘭由此成為實現婦女解放的標誌性人物。1954 年，她被選為第一屆全國人大代表。這次會議通過的《憲法》便寫進了 "男女同工同酬"規定。

申紀蘭一度擔任山西省婦女聯合會的主任,算是一個局級幹部,但她硬是辭職回到西溝村。她說:"不是西溝村離不開我,是我離不開西溝村。"改革開放後,為了增加村裏的集體收入,她多方奔走,為村裏辦企業。她常說:"群眾不富我先富,不是人民代表。"2019年秋天,90歲高齡的申紀蘭還自己扛著鋤頭下地,種了幾分口糧地。

◇◇◇◇◇◇

問　聽起來,這是勞動模範的故事,好像沒有專業性。作為人大代表,她的貢獻在哪裏?

答　像申紀蘭這樣的人大代表,參加勞動,生活在農村,最了解農民的訴求,這應該就是他們的專業性。她在全國人民代表大會期間提的議案很多、很具體。比如,從1993年到2020年,她遞交的議案達490多件,自己領寫的議案有80多件。在一份議案中,她說,土地承包以後,土地糾紛越來越多,許多人佔地蓋房子,農民佔地,幹部佔地,國家也佔地。由此提議:"即使要建設社會主義新農村,也不能侵佔耕地,沒有地種莊稼,大家都要喝西北風。"

建設社會主義新農村是中央政府提出來的要求,不少地方政府把它理解為拆除老百姓的舊房,或佔用耕地,統一建設成新式樓房。申紀蘭提這樣的議案,是有政治見識和政治勇氣的。

像申紀蘭這樣的人大代表有很多。在目前的第十三屆全國人大代表中,除了一線的工人、農民、鄉村教師、部隊戰士,還有快遞小哥、青年志願者、民營企業家、大學教授、律師等,各行各業都有。

他們都以普通人身份參與政治。

　　全國和省級人民代表大會，按專業設有專門委員會。全國人民代表大會就設有憲法和法律、監察和司法、民族、財政經濟、教育科學文化衛生、外事、華僑、環境與資源保護、農業與農村、社會建設 10 個專門委員會。參加專門委員會工作的全國人大代表大多有相關領域的工作經驗，或者是在各地區各部門擔任過領導的幹部，或者是專業研究人員。他們在審議法律、執法監督方面，有明顯的專業優勢。

◇◇◇◇◇◇

（問）　毛澤東那一代人在創立基本制度後，是不是想到過對它進行一些改變？

（答）　那代人對制度的理解是比較開放的，並沒有裹足不前，停止探索。

　　比如，毛澤東在 1956 年就提出，"我國的社會主義制度還剛剛建立，還沒有完全建成"。他當時還講過：斯大林不尊重甚至嚴重破壞法律制度這樣的情況，在英國、美國和法國這樣的國家就不可能發生。

◇◇◇◇◇◇

（問）　當時有沒有更具體的制度變革方面的想法和措施？

有不少。1956 年 11 月，時任全國人大常委會委員長的劉少奇在中國共產黨的中央全會上專門講到，中央很擔心“國家的領導人員有可能（也不一定囉）成為一種特殊的階層”，因此，“要加強人民群眾對領導機關的監督，訂出一種群眾監督的制度，使我們的領導機關和領導人員接近人民群眾”，“人民代表大會的工作怎樣做，如何監督政府、監督我們的領導人員，報紙如何監督，都要認真研究”。

　　在這個報告中，劉少奇還講了這樣一段話：

> 　　我們還可以考慮一些其他的辦法。毛主席有一次講過，資產階級民主，特別是初期，有那麼一些辦法，比我們現在的辦法更進步一些。……我們小孩子的時候曾經聽說，華盛頓在革命之後，作了八年總統，又退為平民。這件事對我們很有影響。華盛頓作過總統，他也是勞苦功高吧，比我們在座的同志怎麼樣？他作了八年總統，又退為平民。這樣的辦法，我們是不是也可以參考一下，也可以退為平民？資本主義國家中有些人當過部長，當過總理，結果又去當教員，當教授，當律師，當經理，當校長。（毛澤東插話：我們如果那樣，就叫受處罰。）艾森豪威爾當過總司令之後，又當過哥倫比亞大學的校長，然後才去競選總統。馬歇爾當了國務卿之後，又去當紅十字會的會長。當然我們不一定完全照那樣辦，但恐怕有些東西，資產階級的有些制度也可以參考。

　　今天中國的公務員除非個人原因辭去公職，或者犯了錯誤被降級使用，仍然存在“能上不能下”的情況。毛澤東那代人，感覺到西方的“旋轉門”制度也可以參考，不能說思想不活躍。

　　他們對剛剛建立起來的一些制度、體制做了不少調適和改革，後來走了彎路，甚至走上了岔道。"文化大革命"時期，出現了破壞既有制度的無政府主義思潮。看來，奠定基本制度後，再對它進行調適和改革是很不容易的事情。

　　因為有過慘痛教訓，在開創中國道路的過程中，格外重視制度建設。鄧小平1980年提出："領導制度、組織制度問題更帶有根本性、全局性、穩定性和長期性。""制度好可以使壞人無法任意橫行，制度不好可以使好人無法充分做好事，甚至會走向反面。"

◇◇◇◇◇

問　1978年改革開放後，在制度建設上似乎是再一次起步。

答　再次起步是從恢復民主與法制開始的。1982年制定新的《憲法》，以《憲法》為中心的制度建設和改革，開始走上正軌。制度建設，是從無到有；制度改革，是從舊到新。

　　改革開放初期，制度的建設和改革面臨三種情況：許多制度不明確，無法可依；一些制度規定得不到遵行，有法不依；一些制度不適應新的形勢需求，需要改革。

◇◇◇◇◇

問　當時中國有無法可依的情況嗎？

 答　說起來可能讓人都難以理解，新中國都建立30年了，還沒有建立起領導幹部的退休制度。新中國成立初期的領導幹部，大都年富力強，不存在退休問題。但到 20 世紀 80 年代初，省部級領導普遍超過60 歲，中央領導層則普遍超過 70 歲。

鄧小平 1980 年在中共中央政治局擴大會議上作了題為《黨和國家領導制度的改革》的講話，提出當務之急是領導制度、幹部制度、行政體制方面的改革。具體做法是，明確廢除領導職務終身制，建立退休制度。

老一代領導幹部大多是職業革命家，讓他們徹底退休需要一個適應過程。為此，中央採取了一個過渡辦法，成立中央和省一級的顧問委員會，讓他們為改革開放當參謀，搞調查研究。鄧小平和陳雲這兩位黨內德高望重的領導人，先後擔任中央顧問委員會的主任。到1992 年，過渡完成後取消了這個機構。

中國制度建設和改革起步時，面臨的這類問題還有很多。

政治制度：成長故事

◇◇◇◇◇

問　　有人覺得，改革開放以來，中國的經濟社會制度變化很大，政治制度變化不大。

答　　不是這樣的。改革開放初期就已明確，要改革不適應甚至阻礙解放和發展生產力的上層建築，其中自然包括政治制度。

　　當然，在通常情況下，經濟社會制度的變革總是要比政治制度的變革活躍一些。如果動不動就變革上層建築不僅不現實，而且很可能出現政治上的不確定性，導致社會的不穩定。

　　中國政治制度改革的特點是循序漸進，其中有繼承、補充和完善，有改革、創新和發展。

　　前面說過中國政治制度有四塊"基石"，其中的"基層群眾自治制度"，就是改革開放後增加的。

◇◇◇◇◇

問　　許多人並不知道有"基層群眾自治制度"這塊"基石"。

答　　這是人們自發創造出來的。中國的"基層"，是指城市的街道社區，農村的村莊。它們是中國社會結構的神經末梢。所謂"自治"，就是自我管理、自我教育、自我服務、自我監督。

在城市街道社區，過去成立有居民委員會。1980年正式頒佈《城市居民委員會組織條例》，全國有八九萬個居民委員會。

在農村，過去設立的生產大隊和生產小隊既是生產單位，又是基層治理單位。改革開放後，土地承包到每家農戶，個體單幹，人們對村裏的公共事務不像過去那樣感興趣了。

山東章丘縣（現山東省濟南市章丘區，編者註。）沙灣村黨支部書記苗萬家就遇到了麻煩。村裏的義務工沒人出，應該上繳國家的稅費沒人交，村裏欠債兩萬元，連利息都交不起。苗萬家急了，只好"賣公章"。凡是村民需要到村裏開證明、蓋公章的事，都必須先交稅費。於是，他得到了一個外號，叫"公章書記"。

還是農民自己有辦法來打破困局。1980年2月5日，廣西河池市屏南鄉合寨村（當時還叫生產大隊），有85名農民圍坐在一起，從6名生產隊代表中，差額選出5名村民委員會成員組成一個管理班子。當時，村子裏風氣不好，集體的事情沒有人管，一些人賭博、盜竊、亂砍樹木、搞封建迷信，秩序失控。新成立的村民委員會帶領大家訂立9條"鄉規民約"。此後，修建水庫、公路這樣的公共事務，也有人出來領頭，大家也願意參加了。

1982年，通過選舉產生的村民委員會和居民委員會，作為基層自治組織一同寫進了《憲法》。隨後，在農村中取消原有的人民公社行政管理體制，恢復成鄉級人民政府。下轄的生產大隊改建為村民委員會。農民也不再叫"公社社員"，而叫"村民"。"基層群眾自治制度"就這樣形成了。

現在，全國有261萬多個自然村，組成60多萬個行政村（由若干自然村組成，設有村委會和黨支部），它們是農民生產和生活最基本的關係單位。

首開村民自治先河的廣西河池市屏南鄉合寨村，現在的自我管理、自我服務意識越來越強。他們在村委院牆上辦了一個村務公開專欄，村民可以在上面查閱財務開支、村民自治事務、村民意見徵詢與反饋等詳細情況。

在城鎮社區，基層群眾自治又是另外一番景致。

每個社區都被編織進了居委會的網絡。武漢市洪山區東湖風景區街道辦事處有個新城社區居民委員會，工作人員13位，服務社區12765位居民。2020年新冠肺炎疫情最嚴重的時候，小區實行了封閉管理。居委會主任陶久娣每天早上一睜開眼睛，就要面對這麼多人吃飯、就醫以及長期憋在家裏出現的心理問題，有的老人被獨自困在家裏，也需要照顧。13個人根本忙不過來。

怎麼辦？陶久娣開始調動自己的網絡資源。先是動員社區幾十名物業管理人員過來幫忙；再不夠，又招了70多名志願者；還不夠，別著急，還有政府、企業、事業單位派來的工作人員。

實行基層群眾自治制度，使基層社會成為被組織起來的巨大網絡。有無與倫比的規模和縱深，既有強度，又有彈性。能夠自主地處理各項公共事務，又能快速地靈活應變，不會脆斷。

◇◇◇◇◇◇

 政治制度改革，除了把"三塊基石"變成"四塊基石"，還做了甚麼？

答 政治制度還包括法律體系和國家行政系統的管理制度等。這方面的改革，有一個共同方向，叫"依法治國"，目標是建設成法治國家、法治政府、法治社會。一句話，辦甚麼事情都要遵守法律和規章制度。

◇◇◇◇◇◇

 在依法治國上，都推進了哪些制度性變革？

先講司法制度的改革。這些年來，為方便審理跨行政區域重大行政和民事商事案件，最高人民法院設立了巡迴法庭；為做到有案必立，有訴必理，還改革了法院案件受理制度，變立案審查制為立案登記制；為了更專業地審理案件，設立了知識產權法院等。

公正司法是維護社會公平正義的最後一道防線。新時代的中國，人們非常熟悉英國哲學家培根的名言："一次不公正的審判，其惡果甚至超過十次犯罪。因為犯罪雖是無視法律——好比污染了水流，而不公正的審判則毀壞法律，好比污染了水源。"

過去，經常有官員向法院打招呼、遞條子，為一些案件當事人說情，干預法院獨立判案。現在好了，凡是有誰為案件當事人說情，法官都必須記錄在案。法院的法官和檢察院的檢察官全部實行員額制度，明確他們要獨立辦案，誰辦案誰負責。

法國啟蒙思想家盧梭說，一切法律中最重要的法律，既不是刻在大理石上，也不是刻在銅表上，而是銘刻在公民的內心裏。

怎樣才能讓人們從內心裏切實感受到法律的公平正義呢？最好的辦法是透明公開。從 2014 年 1 月 1 日起，全國 3000 多家各級法院的裁判文書都要在"中國裁判文書網"上公開，接受公眾監督。受到社會關注的大案要案、熱點案件，有的還在電視或互聯網上直播庭審過程。

◇◇◇◇◇

問 對行政制度的改革是怎樣推進的？

答 以前，各級行政機構的權力很大，對經濟社會領域的管理很細密和煩瑣。行政體制改革最大趨勢就是“簡政放權”，權力下放。

在天津市濱海新區，從事行政審批的有 500 多位公務員，分屬 18 個行政機構。人們辦一件需要行政審批的事情要跑 10 多個部門，蓋幾十枚甚至上百枚公章才能得到批准。

2014 年 5 月 20 日，天津市濱海新區成立行政審批局，把濱海新區所屬 18 個部門的行政審批權全部劃轉到行政審批局，廢掉原來審批專用的 109 枚公章，實現“一顆印章管審批”。人們辦事情，只需到行政審批局蓋一枚公章就行了。

印章“瘦身”的背後是權力的割讓，觸動一些機構的既有利益。新成立的行政審批局只有 130 多個崗位，意味著原來的 18 個部門、400 多名公務員與行政審批權力說“再見”。人們自然捨不得，有的拿出法律法規和部門規章據理力爭；有的擔心，劃走了審批權，自己這個部門的“存在感”就沒有了；有的宣稱，不讓審批了，誰審批、誰管理、誰負責！但是，終究也阻擋不住這一改革趨勢。

2014 年 9 月 11 日，天津市濱海新區正式封存被廢棄的 109 枚審批公章那天，國務院總理李克強也來到現場，他鄭重叮囑：“這些公章今天被貼上了封條，就決不能再打開，再也不能變相給老百姓‘設門檻’。”這 109 枚公章後來被送往國家博物館收藏。

這項制度改革給老百姓帶來甚麼好處呢？

封存公章那天，在濱海新區行政大廳辦事的郭蘭勝告訴記者，他於 2008 年註冊了一個餐飲公司，因不堪忍受艱難煩瑣的審批過程，專門找了一家代辦公司，前後用了 20 多天時間，還花掉六七千元代理費。"現在改革了，我就想先試試自個兒辦是否方便，結果，真快，就一個地兒，就一天，全都辦下來了！"

◇◇◇◇◇

 看來，行政制度的改革是政府的艱難選擇，說它是一種"自我革命"也未嘗不可。但政府終究要擔負行政管理職能，沒有不犯錯的政府，如果政府出錯，人民靠甚麼來監督和糾正？

答　在歷史上，有普通民眾狀告具體官員的情況，但不可以狀告政府。1990 年施行的《行政訴訟法》掀開了新的一頁。這在西方或許不算稀奇，在中國卻是了不起的進步。

1995 年，湖南省瀏陽市官渡鎮政府突然發出一個文件，宣佈撤銷該鎮原有的一家林場，理由是這家林場的管理人員素質不高，萬一出事，出現混亂，鎮政府擔待不起。而且，這家林場也不能增加政府的稅收。但是，這個決定對林場的十幾名職工來說卻是一場災難，工資收入和日常生活沒有了著落。他們首先想到的還是按傳統的辦法去找政府評理，先後往市政府跑了 20 多趟討要"說法"，甚至找到了市長，但問題依然拖而不決。

這時，鎮裏一位退休教師告訴林場場長巫統富，你可以依據《行政訴訟法》和鎮政府打官司，這才點醒他們。瀏陽市法院受理了這起行政訴訟案，判定鎮政府的文件無效，鎮政府只好撤銷自己的決定。

行政訴訟制度給了老百姓起訴政府的權利，要讓政府少犯錯，減少和老百姓之間的摩擦，關鍵還是在規範和約束政府的行政權力。

行政制度改革正是往這個方向推進的。繼《行政訴訟法》後，還實施了《行政許可法》《國家賠償法》等,並建立聽證會制度。這樣一來,哪些事項政府有權作出規定;哪些事項不應該由政府去管;哪些事項政府決策前要開會聽證;政府辦錯了事情,應該怎樣賠償等,都有法可依了。

◇◇◇◇◇

 關鍵還是要靠增強老百姓的法律意識,才能規範政府和老百姓的關係。

答　普通公民法律意識的覺醒和普及,是法治社會建設的土壤,而法治社會的建設,又是依法治國的基礎。這方面的改革,路走得很艱難。

20 世紀 90 年代,有兩部電影故事片,體現了中國法治社會建設的真實面貌。

一部叫《秋菊打官司》,講一個普通農村婦女為了替被村長踢傷的丈夫討個說法,一趟又一趟地去打官司,說明法律意識在公民中的覺醒和普及。

一部叫《被告山槓爺》,說的是制度變革給鄉村社會治理方式帶來的複雜影響。

影片講德高望重的村支部書記山槓爺,是村裏最大的"官"。他行事大公無私,全心全意為村裏人辦事,在村民中很有權威。一個叫強英的婦女,虐待婆婆引起公憤,為懲治這種壞風氣,山槓爺當眾處罰了她。但她仍不改正,山槓爺就讓人把她捆綁起來遊街,結果,脾氣倔強的強英上吊自殺了。

公安局來調查的時候發現，村裏人都不認為山槓爺治理鄉村社會的方式有甚麼問題，包括平時因為不交公糧，或者不種自己的承包地，或者不出工出力修建水庫，分別受到山槓爺處罰的人，都不記恨他，反而感激他治理鄉村盡心盡力。辦案人員明白，山槓爺大公無私無可爭議，但強英上吊自殺，確實因為他違法治理引起的。

法院最終判山槓爺入獄服刑。入獄前，山槓爺心裏糾結的不是自己的難堪，而是到村裏的學校去安排學生如何過冬，晚上又開黨支部會議交代應該做的事情。第二天，他被戴上手銬帶走的時候，全村人都來為他送行。

◇◇◇◇◇◇

問　這個故事很有中國味道，讓人感受複雜。中國政治制度在變革中成長的過程有了個輪廓。可否從整體上描述一下中國政治制度體系的面貌？

答　中國政治制度追求中國共產黨的領導、人民當家做主和依法治國三者的統一。它主要有四個方面的內容：中國共產黨領導國家的制度，包括中國共產黨自身建設的制度；國家的基本政治制度，就是前面說的"四塊基石"；法律體系和依法治國制度；國家行政體制和對政府權力運行的監督體系。

經濟改革的神奇 "脈動"

◇◇◇◇◇

問　　　　人們有一個共識：經濟制度改革很重要的一塊內容，是從高度集中的計劃經濟體制變為市場經濟體制。但中國總是強調，自己搞的是 "社會主義市場經濟"，為甚麼一定要加 "社會主義" 幾個字？

答　　　　這是一個老問題。1992 年確立社會主義市場經濟體制改革目標後，就不斷有人提出這個疑問。

　　　　當時的國家主席江澤民是這樣回答的："有些人老是提出這樣的問題：你們搞市場經濟好啊，可是為甚麼還要在前面加上 '社會主義' 幾個字。他們認為，'社會主義' 幾個字是多餘的，總是感到有點不順眼、不舒服。我對西方國家一些來訪的人說，我們搞的是社會主義市場經濟，'社會主義' 這幾個字是不能沒有的，這並非多餘，並非畫蛇添足，而恰恰相反，這是畫龍點睛。所謂 '點睛'，就是點明我們的市場經濟的性質。西方市場經濟符合社會化大生產、符合市場一般規律的東西，毫無疑義，我們要積極學習和借鑒，這是共同點；但西方市場經濟是在資本主義制度下搞的，我們的市場經濟是在社會主義制度下搞的，這是不同點，而我們的創造性和特色也就體現在這裏。"

　　　　這個回答反映了中國的真實想法。如果要補充的話，我們還認為，無論是計劃經濟還是市場經濟，都是發展經濟的手段，而不是決定社會經濟性質的價值尺度。所以，理論上講，社會主義可以搞市場經濟，資本主義也可以搞計劃經濟。

◇◇◇◇◇◇

問　西方拒絕計劃經濟的態度很鮮明。

答　西方拒絕的是蘇聯那種高度集中的計劃經濟。實際上，計劃經濟的一些手段，在西方經濟運行中並不少見，只不過換了一個名稱，叫"政府干預"。中國則叫"宏觀調控"或"發揮政府作用"。

20世紀30年代世界經濟大蕭條，讓人們看到了自由主義市場經濟運行的失靈。英國經濟學家凱恩斯提出的對策是：用政府這隻"看得見的手"介入經濟運行，用國家的力量推動經濟復甦。凱恩斯還專門給美國總統富蘭克林·羅斯福寫信說，您已經成為各國力求在現行制度範圍內，運用明智試驗以糾正我們社會弊病的委託人。

羅斯福不負眾望。他搞的"新政"，通過"緊急銀行法"來整頓銀行秩序；簽署"緊急救濟法"，成立緊急救助署，以扶持在貧困中掙扎的人們；簽署"農業調整法"，以調整農產品價格；通過"全國工業復興法"，為經濟恢復注入資金；撥款33億美元，投資啟動各項大規模的公共工程，以拉動內需、吸納勞動力。

政府干預這隻"看得見的手"，同市場經濟"看不見的手"聯合起來，促使美國和世界經濟逐步擺脫危機，由此改變了此前英國開創的自由主義經濟傳統。

從那以後，純粹的自由主義市場經濟制度在西方國家層面很難看到。2008 年發端於美國的世界金融危機中，各國都動用政府干預來阻止經濟衰退。2020 年暴發的新冠肺炎疫情危機中，法國財長曾宣佈，如有需要，政府將支持其兩大汽車巨頭在內的企業進行國有化。為避免鐵路運輸集團因疫情衝擊而倒閉，英國政府宣佈，暫停鐵路特許經營協議，鐵路系統隨即進入國有化程序。財政雄厚的德國，一下子拿出 7500 億歐元的刺激和救助方案，還警告海外投資者，不要對其大眾、寶馬等王牌企業進行惡意收購。

中國搞的社會主義市場經濟，和自由主義市場經濟體制有更加明顯的區別。除了讓市場在資源調配中起決定性作用外，始終強調要更好地發揮政府作用。為此，如何處理好政府和市場的關係，一直是經濟制度改革的重中之重。

◇◇◇◇◇◇

問　從制度建設和改革的角度看，推進經濟體制改革的具體方式有甚麼特點？

答　在經濟改革過程中，有的是頂層設計，制度先行；有的是總結改革實踐，把一些理念和做法固化為制度。總的來說，中國經濟改革的脈搏，跳動得很神奇。

◇◇◇◇◇◇

問　先建立制度再推行實踐的例子有哪些？

改革開放初期，一些特別重大的改革開放舉措，大多先要有相應的制度設計。創辦經濟特區，就是制度先行的結果。劃出那麼多土地，實行對外開放的特殊政策，沒有法律條例的規定是不行的。1980年全國人大常委會批准《廣東省經濟特區條例》後，深圳經濟特區才正式開幹。

　　制度先行的經濟改革，最初的設想大多是一個輪廓框架。許多細節是在實踐中完善起來的。

　　對外開放，吸引境外企業到中國來投資，如果沒有明確的制度保障，誰也不敢進來。1979年7月頒佈《中外合資經營企業法》，但中外企業怎樣合資經營，當時並沒有經驗。起草這部法律的專家，多次向搞過市場經濟的老一輩企業家請教，其中就包括後來擔任國家副主席的"紅色資本家"榮毅仁。

　　這部法案的初稿中有一條規定，境外資本和企業的投資比例不得高於49%。榮毅仁提出異議，說自己接觸到的外國銀行和工商界人士，資金充裕，希望通過更多的投資獲得更多的利潤，不高於49%的規定，不利於吸引外資。這部法律正式表決時，便去掉了這條內容。

　　主持《中外合資經營企業法》起草工作的中共元老彭真，當時就說：這部法律重點規劃我們對外商有甚麼優惠，有哪些監督管理措施，經過一段實踐，有了經驗後，再制定相關的實施條例。

　　1980年，北京航空食品公司獲得工商部門頒發的"中外合資企業"第一號營業執照，合資經營企業由此誕生。到1983年，政府才正式頒佈《中外合資經營企業法實施條例》，境外企業來中國投資，就更有章可循了。

◇◇◇◇◇

問 恐怕更多的經濟改革，是先有實踐，後有制度。

答 經濟改革實踐探索，是制度建設的先導；經濟體制的改革，通常是在實踐倒逼的情況下逐步展開的。

城市經濟體制改革，是從允許個體工商戶出現開始的，這也是沒有辦法的事情。"文化大革命"結束後，大批到農村插隊落戶的知識青年返回城市，必須廣開門路，允許他們通過擺攤賣貨這類方式，自謀生活出路。

1980 年 9 月，在沒有建立制度的情況下，北京市東城區工商局破例允許一個叫劉桂仙的人開辦了第一家個體飯店，這在糧、油、魚、肉都要憑票供應的情況下是件新鮮事。劉桂仙的悅賓飯館在東城區翠花胡同開張的時候，聞訊而來的人們擠滿胡同，僅有 4 張桌子的餐廳根本招待不了這麼多人，只好給那些排隊的人發號。劉桂仙到晚上一盤點，一天淨賺了 40 多元，相當於那時人們一個月的工資。

1980 年 12 月，在浙江溫州街頭擺攤賣一些日常用品的章華妹，領到了登記為工商（政）字第 10101 號的正式營業執照，成為"中國第一個有正式營業執照的工商個體戶"。個體經營制度由此確立。

但是，個體工商戶還不具備企業法人的資格，這使他們的經營範圍和方式受到很大限制。1984 年，在遼寧大連經營個體照相館的姜維，很想和一家香港企業合資辦企業，但由於缺少法人資格，無法簽訂商業合同。他只好託關係找到上面的領導予以特批，這才獲准成立第一家私營企業，名字叫光彩實業有限公司。

這個先例一開，催生了私人辦企業的制度。考慮到中國大陸沒有私有制這個提法，正式文件還只是稱這類公司為"民營企業"，以同公有制的"國營企業"相對應。

　　隨著私人辦企業和公司的越來越多，又出現一個問題。當時中國大陸實行的是按勞分配制度，民營企業主雖然也參加勞動，但事實上他們是"按資分配"的。

　　怎麼辦？只能靠實踐探索來解決。20 世紀 80 年代末到 90 年代初，隨著人才市場、土地市場、股票市場、股份公司不可遏止地發展起來，傳統的只允許按勞分配制度很難維持了。企業內部按職工所能夠創造的價值來計算工資；企業股東只能按投資額度和比例來分配；買賣股票，賺多少賠多少，跟勞動更沒有甚麼關係。

　　隨著各種市場主體的壯大，民營企業主獲得越來越多的財富，多種所有制經濟共同發展的制度格局由此形成。"國家保護合法的私有財產"在 2004 年寫入了《憲法》。

◇◇◇◇◇◇

（問）　　有一種說法，政府對民營經濟雖然允許，但和國有經濟比較起來，對它們的支持和保護力度並不大，一些民營企業家也有這方面的抱怨。

（答）　　確實有這方面的情況。比如，向銀行貸款，中小規模的民營企業就不是那麼方便。但新時代以來，經濟改革的一個重點，就是努力做到民營企業和國有企業一視同仁。2013 年，正式明確，要"保證各種所有制經濟依法平等使用生產要素、公開公平公正參與市場競爭、同等受到法律保護"；"廢除對非公有制經濟各種形式的不合理規定，消除各種隱性壁壘"；等等。

◇◇◇◇◇

 這些改革，主要擴大了社會經濟規模中的增量部分。以國營企業為代表的公有制經濟，是如何在制度改革中拓展發展渠道的？

　　改革之初，面臨的突出問題是如何搞活國營企業。過去受高度集中的計劃經濟制度約束，國營企業被管得很死。有的工廠要修建一個廁所也需上級批准；生產多少產品、產品有沒有市場，似乎都和職工的實際收入不相干，工人們拿的是國家規定的固定工資。

　　為破除這些不合理的制度，一些有責任心的國有企業家紛紛要求"鬆綁"，擴大自主權。1984 年，中央政府對這樣的呼聲作了回應，決定實行"放權讓利"的體制改革。

　　一放權，廠長、經理們在企業管理上就大顯身手。

　　裁縫出身的步鑫生是浙江海鹽襯衫總廠的廠長，他借鑒在農村普遍實行的聯產承包責任制辦法，讓工人們做多少活拿多少錢。為了保證生產質量，他還提出一個很生硬的口號，"誰砸我的牌子，我砸誰的飯碗"，率先打破傳統的"鐵飯碗"用工制度。該廠自創生產的"雙燕"品牌襯衫，一下子火了起來，產品輻射全國 20 多個省區市。1984 年 2 月 26 日晚上，中國影響最大的媒體中央電視台，中斷正在播送的國際新聞，臨時插播步鑫生改革的消息。

　　企業效益好了起來，但如何向國家上繳利稅的問題又冒出來了。一些廠長、經理便走到了企業利潤承包的門檻。

　　有一個叫馬勝利的企業家，1984 年以 70 萬元的利潤指標承包了石家莊造紙廠。他走馬上任後，不僅提出打破鐵飯碗、鐵交椅、鐵工資，號稱"砸三鐵"，還在廠裏搞層層承包。結果，當年就創利潤 140 萬元，1986 年突破 320 萬元。"馬承包"這個名字風靡全國，他先後在全國作了 1000 多場報告。

　　不久發現，"放權""讓利"和"承包"仍然避免不了一些國有企業經營不下去，對那些資不抵債的企業怎麼辦？新制度又出來了。

1986 年 8 月初，當時最大的新聞，是瀋陽市一家有 70 多人的集體企業宣佈破產。這是新中國成立以來第一家正式宣佈破產的公有制企業。這年年底，全國人大常委會通過《企業破產法》。因為在討論這部法案時爭議不少，就加了個括號，叫"試行"，並附上一個條件，等《企業法》通過後再試行。

那時候，還沒有制定《企業法》。直到 1993 年正式確認"國家實行社會主義市場經濟"，才頒佈《企業法》，使企業的破產買賣，有了法律依據。從那以後，國營企業開始叫"國有企業"，也就是說，是國家所有，但不一定是國家直接來經營。

一些國有或集體所有企業連年虧損，怎麼經營下去，依然是道難題。20 世紀 90 年代中後期，採取的辦法，先是"抓大放小"。抓大，就是想辦法讓大中型虧損企業擺脫困境，通常的做法是技術改造和產業調整，有的甚至引入非國有資本參與國有企業改革，以激發活力。放小，就是把中小型虧損企業賣出去，變成民營企業。

◇◇◇◇◇◇

問　經濟制度經歷 40 多年的成長，是不是像政治制度那樣形成了一些"基石"？

答　簡單來說，有三塊"基石"：公有制為主體，多種所有制經濟共同發展，這是對過去只搞公有制經濟進行改革的制度成果；按勞分配為主體，多種分配方式並存，這是對過去只搞按勞分配進行改革的制度成果；社會主義市場經濟體制，這是對過去只搞計劃經濟進行改革的制度成果。

"辦大事"，為甚麼能？

◇◇◇◇◇

問 　常聽說，中國制度的優勢是"集中力量辦大事"。對此，西方有兩種看法。有人覺得，凡是中國覺得應該去辦的大事，都可以以國家名義去調動資源，這樣一來，社會資源容易受國家控制，但也會干擾市場經濟。也有人認為，集中力量辦大事，未必有多麼了不起，在其他國家也能夠做到。

答 　這兩種看法，截然相反，不難回答。遇到特殊情況（戰爭或災害），任何制度類型的國家，都會以國家名義去調動資源，集中力量去應對。

　中國集中力量去辦的大事，不限於戰爭或災害這類特殊情況，還包括解決改革、發展、穩定過程中的關鍵難題，推進具有重大戰略意義的尖端項目，舉辦重大活動等。可以說，集中力量辦大事，是一項基本制度設計。

◇◇◇◇◇

問 　這種制度設計難道是必然選擇？

它是後發展國家實現盡快發展的優化選擇。要想迎頭趕上日新月異的現代化潮流，只能集中有限資源去辦具有戰略作用的大事情。

　　新中國成立初期，在"一窮二白"情況下，將有限的人力物力財力集中起來，推動實現工業化這一最為重大的戰略目標，形成獨立的比較完整的工業體系和國民經濟體系。從具體項目講，最著名的，就是調配 29 個部（院），900 多家工廠、科研機構、高等院校，幾十萬科技、後勤、工程人員，協同攻克難關，在比較短的時間裏，研製成功原子彈、導彈和人造衛星，由此提升了中國的國際地位。

　　西方國家也曾經這樣來辦大事。美國 1942 年開始實施研製原子彈的"曼哈頓計劃"，總統羅斯福給這個計劃"高於一切行動的特別優先權"，使這個重大工程能夠動員 10 萬多人參加，集中一批最優秀的科學家聯合研製，耗資 20 億美元。美國 1947 年實施塑造地緣政治的"馬歇爾計劃"，官方名稱叫"歐洲復興計劃"，跨越 4 個財政年度，西歐各國接受美國金融、技術、設備等各種形式的援助，達到 131 億美元。

　　辦這類大事，各國的區別在於能不能更快速、更合理、更有效地集中資源。當然，也有國家或因判斷，或因能力，或因制度，沒有辦法組織力量去辦。

　　在中國，由於有制度支撐，集中力量辦大事的效率確實驚人。人們印象很深的是，2003 年，為防控非典疫情，用 7 天時間在北京小湯山建起一所醫院，收治全國 1/7 的非典型性肺炎患者。2008 年，無論是四川汶川抗震救災，還是舉辦北京奧運會，全世界都看到了中國集中力量辦大事的成效。

　　集中力量辦大事，關鍵在非常規地調配資源的能力和權威。2020年，新冠肺炎疫情暴發後，全民動員、令行禁止，人們在家隔離，以阻斷疫情蔓延可能；只用 10 天左右的時間，就在武漢建成共計 2600 個床位的火神山和雷神山傳染病醫院；從全國各地組建 330 多支醫療隊、4 萬多名醫護人員趕赴武漢和湖北；動員 19 個省市馳援湖北 16 個地市。

◇◇◇◇◇◇

問　　西方發達國家在防控新冠肺炎疫情蔓延的事情上，辦法和中國不一樣，看來效果要差不少。現在的問題是，不是所有的大事都需要非常規地去調動資源，不惜代價去辦，有的用市場經濟的方式、用逐步積累的方式去解決，也是可以的。

答　　有的大事，只靠市場這隻"看不見的手"，是辦不成的。解決中國幾億人口的持續和深度貧困問題，如果只靠市場運作，用經濟發展的自然速度去解決，或者只靠一般性的福利制度安排去解決，那將是一個非常漫長的過程，產生的問題可能比解決的問題還要多，惡化的速度可能比解決問題的速度還要快。

還有，一些基礎性經濟建設項目，涉及民生的重大工程，也不能單純靠市場來調配資源。

2019 年，中國有一個比較熱鬧的話題，就是讓 14 億人都用上了電。鄉鄉通電、村村通電、戶戶通電，是一項持續多年的龐大工程，是必須辦成的民生大事。為此，在青海、新疆、西藏、四川等省區的偏遠地區，每戶通電的成本達到 4 萬元左右。

有戶人家，住得很偏遠，為了讓這家人用上電，施工單位在崇山峻嶺中專門架設 18 根電線杆把電通了過去。按照這戶農家每月正常用電量 50 度計算電費，架設 18 根電線杆的成本費用，100 年都還不上，這還不算投入資金的利息以及日常的人工維護成本。

任何一個以營利為目的的企業都不會這麼做，只有國有企業才會去做。辦這類大事，必須要有經濟制度支撐。在經濟制度的安排中，國有企業恰恰擔負著這樣的社會責任。

戶戶通電，看起來沒有形成 "爆發力影響"，但卻是為共同富裕創造條件，因而必須去辦的大事。邊遠貧困地區用上了電，人們就能看電視、上互聯網，了解外面的世界；就能通水、通鐵路，搞養殖、辦工廠；就能夠讓看起來不太值錢的本地蔬果花卉、醃製肉腸和特殊農產品，賣出個好價錢。

◇◇◇◇◇◇

問 集中力量辦大事，除了經濟制度的支撐，還有甚麼其他方面的制度支撐？

答 光有經濟制度的支撐，還不足以形成集中力量辦大事的優勢，還需要政治、社會等方面的制度體系和行政管理體系，為集中力量辦大事提供實現的可能。

中國政府部門的運行機制有 "塊塊" 和 "條條" 之稱。所謂 "塊塊"，指區域綜合管理機關，全國是國務院，各地則是省、市、縣、鄉（鎮）幾個層級的政府。"條條" 指領域管理機關，比如國務院設有民政部，省政府設有民政廳，市、縣級政府設有民政局，鄉鎮則有民政助理員，凡屬社會救濟等民政事務，從上到下形成一條線的行政體系。

"塊塊" 和 "條條" 的層級關係，有利於集中力量辦大事。其具體運作方式，可以用 "三個一" 來比喻："一張圖"，就是對所辦大事有統一規劃，並按此規劃堅定地幹下去；"一盤棋"，各區域（"塊塊")、各領域("條條")從全局著眼,圍繞所辦大事形成合力;"一竿子",保證從中央到基層政令暢通,在組織動員和貫徹執行上,一竿子插到底。

這種制度安排,政府的動員能力、行政效率和實現目標的能力,比較突出。鄧小平就說過:"社會主義國家有個最大的優越性,就是幹一件事情,一下決心,一作出決議,就立即執行,不受牽扯。"

這種制度安排,不僅有利於辦大事,就是辦小事,也會有驚人的效率。

哈佛大學的格雷厄姆·艾利森教授,在一次 TED 演講中,這樣談論中國的辦事效率:

> 我坐在自己的辦公室,偶爾會朝窗外看到橫跨查爾斯河的橋,它處於哈佛的肯尼迪政府學院和商學院之間。2012 年,馬薩諸塞州宣佈將翻新這座橋,預計將花費兩年時間。可到了 2014 年還沒竣工。2015 年時,他們說要再一年,到了 2016 年他們又說未能竣工……現在,把這座橋和我上月在北京曾經路過的一座橋做對比。北京這座橋叫三元橋。2015 年時中國人決定翻新這座橋。這座橋的交通車道數是哈佛大學那座橋的兩倍。中國人花了多久完成這項工程呢?你們猜花了多久?……好,三年?我們看看這段錄像吧。答案是 43 小時。當然,這種事也不可能發生在紐約。

艾利森教授得出的結論是:"在這執行速度的背後是以目標驅動行動的領導者,和一個幹實事的政府。""大家都知道,中國在朝著目標的路上,一路走得穩紮穩打。"

　　中國人的結論也大體如此，如果換一種表述，那就是：問題在哪？哦，在這兒！怎麼辦？我們大家一起去解決它吧！

◇◇◇◇◇

問　你前面說，中國集中力量辦好了應對新冠肺炎疫情這件大事。但也有西方輿論認為，中國能夠做到那麼嚴厲的防控措施，是因為制度不民主。

答　這場世界性危機為有關制度的辯論，提供了助力。但應該承認，各國政府處理危機的效率和能力確實有差異。

　　今天回過頭來看，在已經知道新冠病毒會人傳人的時候，一些國家仍然顯得漫不經心；有的甚至認為這場疫情只是一般的季節性流感；美國還把它政治化，民主黨和共和黨相互指責，說對方談論疫情都有政治意圖。

　　對此，西方精英當時就有所反思。寫過《歷史的終結》的美國學者福山說，包括美國在內的許多西方國家，錯失了一兩個月的時間準備。"決定應對疫情表現的關鍵性決定因素並不是政治體制類型，而是一個政府的能力，以及更為重要的是，人民對政府的信任。"他得出的結論是："我覺得我們必須拋棄非黑即白的簡單二分法。有效的危機響應的重要分界線，並非是一邊是威權國家，另一邊是民主國家。"

　　我還注意到世界衛生組織總幹事譚德塞的評價："中方行動速度之快、規模之大，世所罕見，展現出中國速度、中國規模、中國效率，這是中國制度的優勢。"

◇◇◇◇◇◇

問 你引用福山和譚德塞的評論，顯然是要說明，中國處理危機的行政能力和老百姓對政府的信任程度是有優勢的。我覺得對於中國制度的評價，西方很難出現變化。

答 疫情過後，人們的某些判斷很可能又會恢復到往日。中國有句古話，叫"恆信者恆信，恆不信者恆不信"，就是說，相信某種制度的人，不管經歷甚麼，都動搖不了他的信任；不相信某種制度的人，不管經歷甚麼，也動搖不了他的不信任。危機過後，一些人會認為是民主和自由的勝利，一些人會認為是展示了果斷決策和人民配合的好處。

◇◇◇◇◇◇

問 集中力量辦大事，對國家發展和社會治理雖然有好處，但也有風險。如果集中力量要辦的大事，不是一個好的選擇，就可能把全社會的能量引到不好的方向上去。

答 在新中國的歷史上，確實出現過這樣的情況。1958 年的"大躍進"運動，就是想集中力量盡快發展社會生產力。初衷雖然是好的，但違背經濟社會發展的客觀規律，反而遭受挫折。

正是在不斷的摸索中，中國越來越明確，在集中力量辦大事的時候，必須尊重科學、尊重事物的規律，而且要量力而行。

"後半程" 開始了

◇◇◇◇◇◇

問　中國制度的生長，現在到了甚麼程度？按中國的構想，是不是已經成熟？

答　中國制度的成長，是一個長期的和漸進的歷史過程。鄧小平1992年曾經估計："恐怕再有三十年的時間，我們才會在各方面形成一整套更加成熟、更加定型的制度。"

如今，30年就要到了。基本制度體系，在許多方面發揮出顯著的作用，為現代化進程提供了制度保障。但總體上說，中國制度還沒有完全成熟和定型，還不那麼完備。

習近平2014年有這樣一個判斷："從形成更加成熟更加定型的制度看，我國社會主義實踐的前半程已經走過了，前半程我們的主要歷史任務是建立社會主義基本制度，並在這個基礎上進行改革，現在已經有了很好的基礎。" 後半程要做的事，就是完善和發展中國特色社會主義制度，"提供一整套更完備、更穩定、更管用的制度體系"。

◇◇◇◇◇◇

問　把制度成長劃分成 "前半程" 和 "後半程"，很有意思。從毛澤

東那代人為制度奠基開始，到現在已經 70 多年，制度建設和改革才
走完 "前半程"，是不是太慢了一些？

 中國道路還在發展，其制度形態的改革和完善當然不會完結。中
國制度的成熟和定型，沒有固定的參照模式，隨著時代和實踐的需要
不斷生長。

歐美主要國家的制度模式，也都經歷長期的內生演進過程，才逐
步定型。

英國從 1640 年資產階級革命，到 1688 年 "光榮革命"，才形成
君主立憲制度。

1620 年，100 多名逃避宗教迫害的英國清教徒到達北美新大陸，
簽署的《五月花號公約》，被歷史學家確認為美國歷史上第一份政治
性契約。美國從 1775 年獨立戰爭開始，到 1865 年結束南北戰爭，它
創建的不同於歐洲大陸的新型制度體系才穩定下來。在這以後，直到
1965 年，迫於馬丁‧路德‧金領導的民權運動壓力，美國才以立法
的形式，結束美國黑人在選舉權上受到的限制，結束黑人在公共設施
方面遭遇到的種族隔離制度。

法國從 1789 年的大革命開始，經歷過多次復辟和反復辟的較
量，直到 20 世紀 50 年代，才確定 "第五共和國" 制度，時間跨度長
達 170 年左右。

◇◇◇◇◇

問　中國制度的成長開啟 "後半程"，有甚麼標誌性的事件？

2013年，中共召開十八屆三中全會，明確把完善和發展中國特色社會主義制度，推進國家治理體系和治理能力現代化，作為改革的總目標。

　　過去講得比較多的是經濟、政治、社會、文化領域的具體改革目標，雖然也說要完善和發展中國特色社會主義制度，但多數情況下語焉不詳。從國家制度和治理體系角度提出各個領域改革總目標，標誌中國制度的成長進入了"後半程"。

　　只設定改革的總目標，還不行，還需要把總目標說的"現代化"落實到各個領域。2019年，中共十九屆四中全會，便提出中國共產黨的領導制度、政治制度、經濟制度、文化制度、社會制度、生態文明制度、軍事制度、外交制度等13個方面在建設和改革中需要做的事情。

◇◇◇◇◇◇

　　"中國特色社會主義制度"是當代中國制度的總稱，比較好理解。"國家治理體系和治理能力現代化"，解釋起來可能要複雜一些，細究起來，難免有些學術研究的味道。

　　古今中外的國家治理實踐，大體告訴人們一個常識，制度常常是法律文件所規範的程序和尺度，它必須通過相應的治理體系和治理能力才能轉化為制度實踐。如果只有國家制度體系，而沒有完備的國家治理體系，不形成高效的國家治理能力，國家制度體系就不能得到切實執行。

◇◇◇◇◇

問　　這種回答理論性很強。能不能舉個例子，說明中國制度與治理實踐的關係。

答　　比如，過去實行高度集中的計劃經濟制度，體現在社會治理上，一個重要內容，就是嚴格實行戶籍管理制度。怎樣把這種制度落實到社會治理實踐當中呢？主要的就是把戶口劃分為兩類：城鎮戶口（非農業戶口）和農村戶口（農業戶口）。這樣的戶口管理制度，逐漸形成社會治理的 "二元結構"，一邊是城市，一邊是鄉村。

擁有城鎮戶口的就業人員，都由其單位來管理。人們從單位領取工資，並由單位負責分配住房。大一些的單位還設立有為本單位職工服務的醫院、學校、公安派出所，等等。在單位工作的人，相應地擁有幹部、工人或教師等身份標識。

城鎮居民，每家都有一個戶口簿，載明家庭成員的姓名、出生年月及相互關係，結婚、遷移居住、購買日常生活用品等，都離不了它。城鎮人口實行糧、油、肉等定量供應。每個居民每月有 30 斤左右的糧票，根據職業、年齡和性別，有些差別，從事繁重體力勞動的多一點。如果出門辦事，在本地區用地方糧票可進飯館吃飯，跨地區則必須用全國通用糧票，糧票由此被老百姓稱為 "第二人民幣"，光有錢沒有糧票是不能吃上飯的，哪怕他是國家領導人也不行。

1963 年 3 月，中國乒乓球隊赴布拉格參加第 27 屆世乒賽前夕，國務院總理周恩來邀請運動員到中南海家裏做客。出人意料的是，周恩來邀請大家時，附了一項特別申明：吃飯的費用從他的工資裏支出，但參加宴請的每個人，必須自己帶上糧票來。因為政府總理每月領取的糧票，與普通城市居民是一樣的，可以花錢請客，但無論如何不能花糧票請客。

在農村，社會治理和人們的生活，又是另一種樣子。

擁有農村戶口的人，就是農民，屬人民公社的社員。人們在公社下轄的生產隊從事勞動，每天掙取相應的"工分"，到年終，按工分總數，取得報酬。比較富裕的生產隊，每個工分值錢一些；地處偏遠的貧窮生產隊，一個青壯年農民幹一年，也只能分得幾十元錢。農民保留有少許的自留土地，可以種些糧食作物、蔬菜瓜果，或者養殖家禽，用作日常生活的補充。

有人說，我願意到城鎮裏工作和生活。如果你沒有城鎮戶口，即使找到用工單位，也只能是臨時工，待遇要比城鎮居民差些。按規定，只有城裏單位招收正式職工，或考取大學、中專的年輕人，部隊營級以上軍官的家屬，才可以把農村戶口轉為城鎮戶口。

這種城鄉二元治理體系，是適應高度集中的計劃經濟管理制度建立起來的。改革開放後，隨著社會主義市場經濟體制的建立，大量農民到城市就業和生活，甚至買房居住，原來那種城鄉二元治理體系，開始動搖。

新時代以來，戶籍制度改革力度越來越大。憑一張身份證，只要在城裏辦個暫住證或居住證，就可以在城市工作和生活。除北京、上海、廣州、深圳等這些特大城市外，其他城市為了吸納人才和勞動力，放寬了落戶條件，有的城市甚至完全取消了限制，原屬於農村戶口的人遷往城市後，享受與城市原居民同等的工作和生活待遇。

由於在農村普遍建立起各種社會保障制度，現在有的地方出現了相反的情況，過去城鎮戶口很珍貴，現在農村戶口更珍貴。在一些條件好的鄉村，擁有農村戶口的人並不願意把自己的戶口遷到城市，因為他捨不得自己的承包地和宅基地，那可是一筆不小的財富。

◇◇◇◇◇◇

問　這麼一講，感覺社會管理制度和治理體系的變化確實很大。中國提出社會治理體系和治理能力的現代化，這當中的 "現代化" 是甚麼意思？

答　治理體系和治理能力的現代化，不像經濟現代化那樣有比較具體的衡量尺度。其含義，大體是通過嫻熟穩妥的治理實踐，把制度的優勢和效能發揮出來，給人民創造更加公平正義的社會環境、創造更加平等自由的生存和發展空間。

2021 年開始實施的《民法典》，系統整合了長期實踐形成的民事法律規範，是一部平等保護人們生命健康、財產安全、交易便利、人格尊嚴各方面權利的法律。它保障民事主體享有充分的自主權，但責任自負，是國家治理現代化的重要提升。

◇◇◇◇◇◇

問　為實現國家治理的現代化，將怎樣繼續推進制度方面的建設和改革？

答　中國從來不否認在制度和治理方面存在不少短板和弱項。就依法治國制度體系來說，中國已經是立法大國，從數量上講，法律比法國、德國、日本都多，基本上解決了無法可依的問題。但是，在全球 200 多個國家和地區排名中，中國的法治排名還比較靠後。說明建立法治國家、法治政府和法治社會，還有很多制度性的安排需要補上。

古代有個 "徙木立信" 的真實案例。戰國時期商鞅在秦國變法，為了取信於民，派人在城裏的鬧市區豎立一根大木頭，宣佈說誰能將這根木頭搬到城門，賞賜十金。這對當時的普通老百姓來說是一筆巨款，因此沒人相信，大家都不去搬那根木頭。商鞅就把賞賜加到五十金。有人試著把木頭搬到城門，果然獲得五十金的報酬。兌現諾言後，老百姓開始相信政府的制度肯定會落實，商鞅變法由此在人們心中樹立起威信。

現在，社會治理成本很大，一個重要原因是誠信制度不夠完備。

究其原因，有法不依、執法不嚴的情況還不少，一些同案不同判的現象時有發生。

2020 年 5 月我參加全國人民代表大會期間，在代表團小組討論時，一位代表就說到當地一個涉及經濟賠償的案例。第一家司法鑒定機構的結果，需要賠償 6000 多萬元；第二家司法鑒定機構的結果，需要賠償 3000 多萬元；第三家司法鑒定機構的結果，需要賠償 2000 多萬元。這三家鑒定機構都有合法資格，相互之間也沒有隸屬關係，按理說鑒定結果都有效，但差別這樣大，肯定是在哪個環節上出了問題。

還有，在行政體制上，有的地方政府為發展經濟，在招商引資時，做出一些可能超越法律許可範圍的許諾。結果等投資來了，兌現不了，當地官員如果發生變動，新上任的官員不願打理舊事，這對企業和當地政府都是一種傷害。顯然，依法行政的制度，有的需要完善，有的需要嚴格執行。

在社會治理上，有時候，老百姓為了辦理某些事情，需要四處去開證明，甚至包括證明自己和父母的關係，就是俗話說的"要證明我媽是我媽"，讓人哭笑不得。這樣的事情，在三年前的國務院常務會議上討論過，李克強總理說："我看到有家媒體報道，一個公民要出國旅遊，需要填寫'緊急聯繫人'，他寫了他母親的名字，結果有關部門要求他提供材料，證明‘你媽是你媽’！”“這怎麼證明呢？簡直是天大的笑話！”

這種情況並非個例。2020 年 10 月，中央電視台發佈一則消息，說廣東惠州的一位陳先生，為了繼承已故父親的一筆存款需要辦理公證，他在銀行、公證處、派出所、街道居委會這些需要開證明和看證明的機構中，來回跑了七八次，歷時 7 個多月，也沒有能夠拿到他父親的存款。

這類治理方式和治理水平，離現代化的要求還有距離。

◇◇◇◇◇

問　　目前在國家制度和國家治理上，推進得比較好的改革措施有哪些？

答　　中國在“後半程”制度建設道路上，並沒有等待和猶豫，在許多方面，已經大刀闊斧地做了起來。比如，在監督制度方面，中共中央紀律檢查委員會是黨內機構，缺少國家法律賦予的行政權力，在監察工作中很難覆蓋到非黨員的公務員。為避免這個缺陷，設立了國家監察委員會，同中央紀委合署辦公。

在政府與企業的關係上，制度和治理體制改革的力度更大，措施很具體。從 2013 年設立上海自由貿易試驗區開始，便採用了“負面清單”管理制度。凡是企業不能做的事情，均以清單方式列明，不在清單之列的便可以去做。一開始，有人覺得清單過長，限制過多。這以後，負面清單逐步“瘦身”，允許企業做的事情越來越多。外商投資准入的“負面清單”就減少了許多，外國企業和資本進入中國銀行、證券、電網和鐵路幹線等限制將逐步取消。

　　與"負面清單"管理制度相適應的制度改革是政府的自我限權，晾曬自己的"權力清單"。不在權力清單中的事項，不需要政府審批，各行各業依據相關的法律法規，按市場經濟規律去做就是了。這樣一來，政府和企業的邊界將越來越清晰，政府與企業的關係將越來越規範。

◇◇◇◇◇◇

 　　建立更加成熟和定型的制度體系，實現國家治理現代化，有沒有一個"時間表"？

　　有的。大體是到 2035 年，要建立起系統完備、科學規範、運行有效的制度體系。到 2050 年，全面實現現代化時，要使中國特色社會主義制度更加鞏固、優越性更加充分展現。

第五章

角色
中國共產黨

甚麼叫共產黨,共產黨就是自己只有一條被子,也要給窮苦人半條的人。

——徐解秀(中國農民)

我們政府的性格,你們也都摸熟了,是跟人民商量辦事的,是跟工人、農民、資本家、民主黨派商量辦事的,可以叫它是個商量政府。

——毛澤東(中華人民共和國主席)

中國共產黨的成功,主要歸因於其對中國國情的深刻認識和對國家未來發展的長遠規劃,以及一直把實現中國人民的福祉和利益擺在前面。

——埃薩姆·謝拉夫(埃及前總理)

給"中國共產黨"畫個像

◇◇◇◇◇◇

　中國共產黨從根本上塑造和決定了中國的形象，所以人們常說，要讀懂中國，首先要讀懂中國共產黨。在中國，共產黨到底扮演著甚麼樣的角色？

　在革命年代，毛澤東打過一個比喻。他說："我們共產黨人好比種子，人民好比土地，我們到了一個地方，就要同那裏的人民結合起來，在人民中間生根開花。"

在今天，可再作個比喻：如果國家是一個人，那麼，國民素質是他的細胞，文化、科技、教育是他的血液，經濟財富是他的心臟，疆域是他的身高，人口是他的體重，國防軍事是他的體力，綜合國力是他的面容和氣質，而國家的領導者是他的大腦。

這些複雜元素中的任何一個，都可能在歷史關頭發揮特殊作用。但毫無疑問，最重要的還是大腦，因為它決定著身體所有部分的成長和使用。

在人民這片土地上是"種子"，在國家體系中是"大腦"。這就是中國共產黨的角色。

中國共產黨來自人民，帶領人民群眾一起辦事。它是中國最高政治領導力量，負責總攬全局、協調各方，把中國的事情辦好。

◇◇◇◇◇

問 中國共產黨憑甚麼能夠成為"種子"和"大腦"？

答 中國共產黨風雨兼程 100 年，從 58 個人發展到今天的 9100 多萬人，帶領人民幹了數不清的大事，從根本上改變了民族、國家和人民的面貌。

對一些事情，如果回頭巡看，可能會更加明白它的道理。

中國共產黨成立之前，中國政壇上具有近代政黨性質的新興社團有 300 多個。100 多年過去了，它們都煙消雲散了，唯獨中國共產黨把事情辦成了。為甚麼？

我們看看當初那些選擇馬克思主義和社會主義信仰，來建黨的人，都是一群甚麼樣的人。

他們是一群知識分子。他們的選擇不是盲從，而是慎重和嚴謹的。剛開始的時候，他們的主張五花八門，並不是一眼就認定了馬克思主義。他們拿來當時在歐美很盛行的各種"主義"和思潮，反覆比較研究，甚至還經過社會試驗。不是說有更好的路擺在那裏偏偏不走，非得要選擇馬克思主義，而是其他路都走不通了，才不得不走這條路。

他們是把"高調"唱成了"高尚"的知識分子。除極個別的外，100 年前選擇馬克思主義的人，大多出身於中等家境，有的甚至家境富裕，自己又有文化知識，在那個年代，經過努力，很容易躋身於社會上流，光宗耀祖。但他們捨棄了這些俗念，不是為了個人的前途和利益才來創建和參加中國共產黨。他們奮鬥的目標，是為了救中國，改變勞苦大眾和中華民族的命運。在道德人格上，他們出發時唱的調子很高，在實踐中，真的把高調唱成了高尚。

他們是一群年輕的知識分子。100 年前參加建黨的人和早期黨員，除極個別等同於今天的“80 後”外，基本上都是“90 後”，主體是“95 後”，還有很多“00 後”。即使在 1927 年大革命失敗，中國共產黨遭受嚴重挫折的時候，主持中央工作的，大多是 30 歲左右的年輕人，最年輕的，才 24 歲。年輕人對中國共產黨精神氣質的塑造帶來甚麼影響？那就是充滿朝氣，富有生命力，擁有未來。

◇◇◇◇◇◇

在西方，談到“共產黨”，畫的像不是這樣，總有些異樣的感覺。

這是因為，西方對中國共產黨，存在著“獨裁”“專制”這類先入為主的判斷，彷彿它有甚麼“原罪”。如果拋棄定向思維，先不忙定性，只把它看成長期執政的政黨（長期執政的政黨在其他國家有不少），思路是可以平展打開的，不至於一上來就妖魔化。

凡是有生命力並且能幹成大事、矢志不移朝目標奮進的政黨，無不是選擇或強化某種政治理念或主義，來參與和領導國家政治生活的。中國共產黨的信仰，源自曾經盛行於歐洲的馬克思主義理論邏輯和社會理想，它搞社會主義，是很正常的選擇。

當今世界，保持“共產黨”這個名稱，或主張以馬克思主義為指導的政黨，有 130 個左右；其中，黨員人數過萬的，有 30 多個。德國、法國、意大利以及日本這些比較大的西方國家的共產黨，不僅合法，還在議會中佔有席位。

因此，只是因為中國共產黨屬於馬克思主義政黨，走的是中國特色社會主義道路，就認定它有“原罪”，邏輯上說不通。

◇◇◇◇◇

 其他國家的共產黨很少擁有執政地位，它們的具體主張和中國共產黨也未必一樣。

 沒有執政地位的共產黨，也是共產黨，是選擇和信奉它們理解的馬克思主義的產物。在西方國家，共產黨只被少數人選擇，社會基礎不大，但仍然合理、合法、合情。而被中國絕大多數人選擇、有廣泛深厚社會基礎的共產黨，為甚麼非得用異樣的眼光來挑剔它呢？

中國共產黨和其他國家的共產黨，當然有不同的理念和行動。各國的政黨，無不是立足於自己國家的國情、歷史和文化，來參與國家政治生活的。搞社會主義，雖然是多數共產黨的共識，但對社會主義的理解和實踐可謂千差萬別。

中國共產黨實現馬克思主義中國化、時代化，自身不擁有與時俱進的品格和能力，是不可能的。它領導中國推進現代化，自身不實現現代化，也是不可能的。

中國共產黨在現代化的路上跑得很快，如果站在時代的後面來給它畫像，那麼它留給你的永遠只是一個背影，那可能就永遠也讀不懂了。

◇◇◇◇◇

問 問題是，在中國制度的安排中，中國共產黨不僅要長期執政，而且是領導一切的最高政治力量，擁有不可動搖的權力和地位。西方對這樣的安排不理解。為甚麼會這樣？

答 這要從中國的政黨制度說起。

　　中華民國建立初期，具有現代政黨性質的團體有很多，一些政黨還進入了議會。人們真的以為，實行多黨制，國家就會實現民主。當時最先進的政黨，是孫中山、宋教仁領導的國民黨，他們在第一屆國會參、眾兩院的選舉中獲得大勝。當宋教仁信心滿懷從上海到北京出任內閣總理時，在車站被刺殺身亡。擔任臨時總統的袁世凱從此摒棄政黨政治，解散了國會。這個頭一開，"子彈"就成了政黨政治的唯一"選票"。

　　做了幾天皇帝的袁世凱去世後，恢復了國會，但進入其中的各個政黨基本上都是擺設。擔任總統或總理的人，不是明目張膽地拿錢賄賂議員，就是明目張膽地派軍隊進入國會，用槍逼迫議員投票。手裏沒有槍桿子的政黨，猶如被深埋在政治土壤下面的種子，始終出不了頭、發不了芽，產生不了影響。

　　1928 年，國民黨在中國共產黨此前的協助下，通過北伐戰爭，打下了天下。它反過來追殺幫助過它的朋友，迫使中國共產黨在廣大的農村另起爐灶，建立革命政權。

　　在中國，若想一黨執政，有一個先決條件，就是代表絕大多數的人民，為人民辦事，受到人民擁護。然而，一黨執政的國民黨，多數黨員已經失去先前的信仰和抱負，蛻化到人民的對立面了。

　　這一點，連國民黨的最高領導人蔣介石，也是承認的。他在1932 年 9 月 1 日的日記中感慨："舊黨員多皆腐敗無能，新黨員多惡劣浮囂，而非黨員則接近不易，考察更難。"國民黨裏似乎已經沒有甚麼好人。這年 12 月 16 日的日記，說得更厲害；"本黨老黨員之腐敗、賣老、害事，如不更張，則必亡國也。"

　　與掌握中央政權的國民黨不同，中國共產黨在自己創建的根據地裏，把土地分給窮人，還把農民組織起來，更加有效地從事生產活動，讓普通人成為自己這片土地上的主人，建立的政權，稱為"蘇維埃政府"，就是工農兵政府。雖然經濟很落後，政府依然建立專門的社會救助機構，負責救助和安置因戰爭和災荒產生的難民；對所有的小孩都實行免費教育，開展成人教育，掃除文盲，人人享有平等接受教育的權利；解放婦女，讓女人同男人一樣有勞動和選舉的權利。

1934 年 11 月 6 日，中國共產黨領導的紅軍長征，途經湖南汝城縣的沙洲村。有三位女紅軍，住進村裏婦女徐解秀家裏。晚上，她們四人合蓋一塊爛棉絮和一條紅軍的被子睡覺。第二天告別時，三位女紅軍把僅有的一條被子剪下一半，送給了徐解秀。50 年後，一位記者到沙洲村採訪，已經 80 多歲的徐解秀對他談起此事說："甚麼叫共產黨，共產黨就是自己只有一條被子，也要給窮苦人半條的人。"

中國共產黨和人民建立起比任何其他政黨都要親密的關係。共產黨這顆"種子"，在人民這片土壤的培育下，讓自己的信念和理想生根開花了。

中國共產黨把自己的宗旨，即做事情的目的，歸結為今天許多政黨都不陌生的一句話——"為人民服務"。它決心成為這樣一個角色：走在前面帶頭為大家的事情奮鬥奉獻。人民大眾看你還不錯，真是為他們著想，於是就願意和你一起去幹事，這樣，跟著它幹事的人就越來越多，許多大事就辦成了。

為了保持自己的純潔，中國共產黨還對自己的黨員進行了"整風"。所謂"整風"，就是每個黨員都要在一定的範圍內，說清楚自己的經歷和自己的缺點不足，接受大家的批評教育，然後修正錯誤，堅持真理。整風，讓中國共產黨的成員來了一次"精神涅槃"，用西方的話來說，是一次"精神洗禮"，思想境界和行動能力獲得空前進步。

經過"洗禮"，一個古老的寓言故事，在所有中國共產黨人中開始流傳，那是毛澤東講給他們聽的。

古代有一位老人，住在華北，名叫愚公。他的家門南面有兩座大山擋住他家的出路，一座叫作太行山，一座叫作王屋山。愚公下決心率領他的兒子們要用鋤頭挖去這兩座大山。有個叫智叟的老頭兒看了發笑，說是你們這樣幹未免太愚蠢了，你們父子數人要挖掉這樣兩座大山是完全不可能的。愚公回答說：我死了以後有我的兒子，兒子死了，又有孫子，子子孫孫是沒有窮盡的。這兩座山雖然很高，卻是不會再增高了，挖一點就會少一點，總有一天會被挖平的。於是，愚公不受智叟思想的影響，毫不動搖，每天挖山不止。這件事感動了上帝，他就派了兩個神仙下凡，把兩座山背走了。

中國共產黨的隊伍，就是由這類"愚公"組成的。這是毛澤東為中國共產黨畫的一幅像。那麼，最終幫助愚公把兩座大山背走的那個"上帝"，又是誰呢？毛澤東說，是人民大眾，人民就是上帝。"愚公"挖山不止的壯舉，感動了人民大眾，使他們心甘情願和中國共產黨人一起奮鬥。這就是中國共產黨人的形象。為人民挖"大山"、打"江山"，同樣也是靠人民挖"大山"、打"江山"。1948 年中國共產黨和國民黨之間的淮海大決戰，中共軍隊 60 萬人，國民黨軍隊 80 萬人，最終是 60 萬幹掉了 80 萬。靠甚麼？中國共產黨在自己的後方，組織了 543 萬民工支援前線的戰爭，每一個前線官兵的身後，竟然有 9 個民工幫忙。

這就是中國共產黨一路走來的歷史本質，一路走來錘煉出來的人格氣質。這樣的政黨，有甚麼事情不能辦成功呢？

這種氣勢，一直讓國民黨感受到很大的壓力。1945 年，蔣介石讀到中共七大通過的《黨章》，把其中兩節完整地抄在日記本裏，一節是《黨員與群眾》，一節是《上級與下級》。他認為這兩節寫得太好了，"讀了得益匪淺，本黨必須要奮起急追，否則消亡無日"。

1947 年 9 月，蔣介石在國民黨六屆四中全會上說：現在共產黨力量增強，"大半是由於他這個整風運動而發生的"。整風運動使中國共產黨人養成 "科學的精神和科學的辦事方法"，"運用於組織、宣傳、訓練與作戰"，"逐漸打破其過去空疏迂闊的形式主義，使一般幹部養成了注重客觀，實事求是的精神"。這可以說是共產黨訓練的 "最大成功"。

或許，這是蔣介石內心深處為中國共產黨畫的一幅像。

由於國民黨的代表力、組織力和領導力都很弱，不僅沒有在中國產生蘇聯那樣的在 "黨國體制" 下實現工業化的優點，反倒是放大了蘇聯 "黨國體制" 的缺點。比如，它不願意也不敢容納其他政黨參與國家政治生活。按理說，1945 年抗日戰爭勝利後是個機會，但國民黨不僅在國家政治生活中排斥了中國共產黨，還排斥了屬於中間力量的其他政黨，終於成為孤家寡人而失去政權。就像蔣介石曾經擔憂的那樣，國民黨在中國大陸真的 "消亡" 了。

一心要移山的 "愚公"，把支持自己的人搞得越來越多，把反對自己的人搞得越來越少。抗日戰爭前後成立的，在國民黨和共產黨之外，代表中間政治勢力的其他政黨，包括那些沒有參加任何政黨的民主人士，後來都選擇跟中國共產黨走。

一走，就走到今天。

何以執政？

◇◇◇◇◇◇

 你梳理這段歷史，是要說明中國共產黨成為執政黨的必然性和合法性。但疑問在於，搞多黨制過去不行，在成為執政黨以後是可以的，沒必要去搞一黨專政。

 中國搞的不是一黨專政，而是一黨執政、多黨參政。

新中國成立時，除了中國共產黨外，還有十來個代表民族資產階級、小資產階級的政黨，其中包括國民黨內願意跟著中國共產黨走的人組建的政黨，統稱為民主黨派。

新中國成立後，一些民主黨派覺得自己的奮鬥目標已經實現，沒有必要存在了，決定解散，中國共產黨勸阻了它們。有個政黨叫中國人民救國會，1949 年 12 月自行解散，毛澤東訪問蘇聯回來後聽說此事，覺得可惜，認為不應該解散。

早在革命年代反對國民黨一黨專政的時候，各民主黨派就選擇跟著中國共產黨走了。新中國是近代以後 "國將不國" 的情況下，中國共產黨領導各民主黨派和全國人民在革命勝利後，自然形成的黨領導國家的政治制度。毛澤東在新中國成立前發表《論人民民主專政》，專門解釋黨和國家的關係。他說：我們要建立的是 "共產黨領導的人民民主專政的國家"。

從程序上講，中國共產黨成為國家的最高政治領導力量，不是自封的，是 1949 年籌備新中國時，參加第一屆中國人民政治協商會議的 662 名代表共同商議的結果。

1949 年 9 月 13 日，一份龐大冗長的名單送到了毛澤東的案頭。這本厚厚的表冊上詳細標明了參加政協第一屆全體會議的 662 名代表人選，涵蓋了方方面面的人物。看著看著，毛澤東發出歷史感慨："這真是一部天書。"

要讀懂這部"天書"很不容易，一旦讀懂了，就會發現歷史的秘密。

參加建國籌備會議的 662 名代表，來自 45 個黨派、團體、區域和界別。其中，有孫中山先生的夫人宋慶齡、有 1898 年參加清王朝政府維新變法運動的張元濟、有 1911 年引發武昌起義的四川保路運動領導人張瀾，更有許多國民黨的元老和將軍，包括民國時期有代表性的政治家、企業家、軍事家、教育家和文化人。

資歷最深的歷史名人，要算年屆 92 歲的洋務運動代表人物，以北洋水師副將之職參加過 1894 年中日海戰的薩鎮冰。因年事太高，他不便親赴北平參會，卻也賦詩明志："群英建國共乘時，此日功成舉世知。"

參加建國籌備會議的"群英"中，還有工人代表趙佔魁、"子弟兵母親"戎冠秀、戰鬥英雄衛小堂、模範農民王德彪、紗廠女工湯桂芬、女醫務人員李蘭丁，等等。

各色人等，挾帶近代歷史上的各種訴求，來參加一場"歷史的約會"。這場約會，事實上是一首各種音符一起跳動的史詩交響樂曲。

大家一起討論建立一個甚麼樣的國家，在其他議題上，或有不同觀點和主張，但在接受中國共產黨領導這個問題上，沒有任何異議。

◇◇◇◇◇

 怎樣解釋這些民主黨派和中國共產黨的關係？

答　看懂中華人民共和國的國旗就會明白。國旗上面有 5 顆星，中間的那顆大一些，代表中國共產黨，其他 4 顆星分別代表工人階級、農民階級、小資產階級、民族資產階級。當時的民主黨派，主要是從後面兩個階級中產生的。4 顆星各有一尖正對著大星的中心點，象徵著中國人民大團結。今天的民主黨派有 8 個，還有一個叫"中國工商業聯合會"的組織，是由民營企業家們成立的，事實上也擁有黨派的地位。它們都屬於中國的參政黨。

一黨執政，是否合理、是否穩定、是否持久，既由這個政黨和人民的關係來決定，也和這個政黨的歷史有關。

為建立人民當家做主的新國家，中國共產黨領導人民，在 28 年間，幾經曲折，經歷了太多的腥風血雨。犧牲了多少人？有名有姓的烈士，就達到 370 多萬，在前行途中倒下而沒有留下姓名的烈士，幾倍於此。就算是 370 多萬，28 年一共是 1 萬多天，意味著每天都有 300 多位烈士犧牲，而且連續 28 年如此。世界上可有這樣的政黨？

革命年代的倖存者又如何？他們傷痕累累。10 位開國元帥，有 7 位受過重傷，其中劉伯承元帥 9 次受傷，身上有 10 個彈片。10 位開國大將，有 7 位受過重傷，受傷最多的是徐海東大將，身上有 20 個彈片；粟裕大將去世後火化，在他的頭顱骨裏還發現 3 個彈片，他後半生一直遭受著這三塊彈片的痛苦折磨。在開國將軍中，有 10 個是"斷臂將軍"，有兩個是"獨腿將軍"。世界上可有這樣的"創業團隊"？

為了一個新國家的誕生，付出這麼大的代價，人們怎麼會不珍惜和尊重來之不易的政權呢？

　　一般說來，進行革命和爭取權力的鬥爭，越持久、越激烈、越曲折，意識形態的信仰也就越深刻，政黨的凝聚力和影響力也就越深厚，自身與時俱進的品格和適應能力也就越傑出，隨後建立一黨執政制度就越有可能、越合理、越穩定。

　　那些鬥爭時間短、獲取政權的經歷比較順利的政黨，在執政後若想建立一黨執政的制度，是很難的。即使建立起來，也不會很牢固。

◇◇◇◇◇◇

問　　假如，我說的是假如，乾脆來一個徹底變革，允許不同政黨通過選舉輪流執政，會出現甚麼情況？

答　　這個問題，在中國人看來提得很特別。當然，你說的是"假如"，即使按"假如"的邏輯，也不難回答。

　　中國共產黨有 9100 多萬黨員、400 多萬個基層組織，中國的精英，或者說有政治信仰並且能幹的人，大多參加了中國共產黨。任何一種政治勢力，都不可能與這個政黨競爭。更重要的是，它奉行為人民謀幸福、為民族謀復興的初心使命，是任何一個想要競爭的政治勢力都難以切實做到的。

　　中國有 34 個省級行政區劃（包括 23 個省、5 個自治區、4 個直轄市、2 個特別行政區，編者註。），有 56 個民族，還有不同的宗教、不同的社會利益群體。可以想象，"假如"每一個省區市、每一個民族、每一類人數較多的利益群體，甚至每一種宗教，都建立一個或兩個政黨，那還不一下子跑出來上百個政黨。

　　不要以為這些政黨都是無來由地跑出來，它們會爭取相應的利益和權益。也不要以為利益和權益之爭只會以選舉和爭吵的方式進行。"假如"它們互相拆台，鼓吹仇恨，會發生甚麼事情？中國還是不是一個統一的國家？還有沒有發展的機會？結果不言而喻。

中國有若干鄰國，情況很複雜。"假如"缺少中國共產黨這樣強有力的執政黨，中央政府失去對邊界地區的控制，國內的矛盾很可能就會轉化為同其他國家的矛盾，或者反過來，外國勢力利用中國內部的矛盾來干預乃至支配某些政黨，那中國和世界可能就沒有寧日了。

這不是危言聳聽。

◇◇◇◇◇◇

問　發展中的大國搞多黨制的很多，比如印度。

　印度是一個偉大的國家。西方把印度稱為世界上最大的民主國家，因為它的人口規模僅次於中國，還實行了多黨輪流執政。但中國人不會因為自己的政黨制度與印度不同，就沒有底氣。中國共產黨1949年創建新中國時，經濟發展落後於印度，如今走在了前面。是否有利於國家和民族的進步，是否有利於現代化，在中國，關鍵不在於是否實行多黨輪流執政。

退一步講，真的搞多黨輪流執政，西方世界就會認同中國是民主國家嗎？蘇聯共產黨放棄自己的領導地位後，蘇聯迅速解體，隨後的俄羅斯，搞得可是多黨制呢，但以美國為首的西方國家，仍然不認同它，甚至敵視它，不僅打壓它的戰略空間，還實行經濟制裁。

道理很簡單，因為俄羅斯依然是一個統一的大國，不管你實行甚麼制度，在西方看來似乎都是一種威脅。俄羅斯人很清楚這一點，所以他們選擇普京這樣的強勢領導人及其政黨，一直到今天。

我們在前面討論中國人最不想要和最想要的三大訴求時，為甚麼把擺脫混亂無序，追求統一穩定放在第一個？根本原因是，它是實現現代化和中華民族偉大復興的前提。按你說的"假如"，中國將失去這個前提，一切都將無從談起。

在民主的平台上

◇◇◇◇◇◇

問　　　一切都由中國共產黨來領導和決策，國家的政治生活怎樣體現民主？

答　　　民主是一種高尚的價值觀，中國從不拒絕，它在中國的政治生活中，也沒有缺席。新時代中國倡導的核心價值觀裏，便有民主、文明、和諧、自由、平等、公正這樣一些內容。中國道路的政治內涵，就是"建設社會主義民主政治"。

對執政黨來說，搞民主政治最根本的要求是依憲治國、依法治國。中國共產黨的《黨章》，特別作出一項規定："黨必須在憲法和法律的範圍內活動。"意思是，黨的主張要通過法定程序才能成為國家意志。

新中國成立時，中國共產黨便真誠地搭建起了民主政治的平台。

當時，周恩來負責起草起臨時憲法作用的《共同綱領》。在草案中，他說我們的國家叫"中華人民民主共和國"。但是，其他黨派的代表不贊成國名中有"民主"二字，說"共和"就是民主的意思，再說哪有人民的國家而不民主的呢？於是，新中國的名稱改稱為"中華人民共和國"。

馬上又遇到一個問題。"中華人民共和國"和此前的"中華民國"

是甚麼關係，是否還涵蓋國民黨統治的台灣？周恩來等人主張把國名全稱寫成"中華人民共和國（中華民國）"，為此專門召集各個民主黨派的負責人討論。司徒美堂，一位參加過辛亥革命和創建中華民國的老人，出來反對。他的意思是，中華民國本來是個好國名，但已經被中國國民黨和蔣介石搞得名聲很臭，為甚麼不光明正大地使用"中華人民共和國"呢？同樣可以涵蓋今天的台灣。許多國民黨元老都表示同意。最後，在國名中去掉了"（中華民國）"。

關於國旗，新政協會議向全國徵稿，發動大家提供圖樣。中共元老朱德總司令也畫了一幅圖樣，寄給國旗徵集小組。大家選來選去，選中的卻是上海一個市民寄來的圖樣。

在中國共產黨的領導下，這些重大的政治議題，不同黨派之間民主協商，並沒有爭得你死我活、拳腳相加，問題還是解決了。

◇◇◇◇◇◇

 這是中國共產黨 70 多年前搭建民主平台的事情。今天的中國人，又是怎樣理解和感受寬鬆民主氣氛的呢？

答 那就講講今天中國的年輕人吧。

有個叫"豆瓣"的互聯網社區，以 20 歲至 35 歲的人為主體，實際上是年輕人表達主張，討論或抱怨生活遭遇，獲得心靈認同和價值觀共識的意見平台。

"豆瓣"的互聯網社區，有 5000 多個不同話題的討論區，自稱"豆瓣小組"。這 5000 多個"豆瓣小組"可分成 27 大類，每個大類都有上百萬名成員。"豆瓣小組"討論的內容，涉及租房、婚戀、旅行、報考研究生、吵架、做飯、求職、時尚、養寵物、購買打折機票，等等。

在"豆瓣小組"，年輕人不僅研習各種"學問"，還創造"學問"，比如探討怎麼糊弄別人的"糊弄學"、專門記錄各種夢境的"記夢器"、交流租房經驗的"租房小組"、分享理財經驗的"摳門女性聯合會"。話題新鮮、實用、風趣。許多人在做離婚、調換工作等人生重大抉擇前，都會在小組裏詢問"豆友"的意見。有的人甚至連拔不拔智齒，都是在"豆瓣小組"裏問完大家的意見才作出決定的。

"豆瓣小組"成員當然也會抱怨一些不順心的事情，但個性化的訴求，畢竟越來越有渠道用以表達和爭取。

◇◇◇◇◇◇◇

問　　看起來，年輕人在自己的生活中似乎擁有自己的意見平台。它與民主有甚麼關係？

答　　英國《星期日泰晤士報》2020 年 10 月 25 日發表了一篇題為《誰需要民主？中國 4 億"千禧一代"更關注蘋果手機》的文章。裏面說，當美國總統選舉辯論雙方都就中國話題放狠話的時候，迅速成長起來的中國"千禧一代"，"越發自信、有主見"。這一代的許多人，"並沒有表現出在政治自由上的不開心。事實上，對一些人來說，美國打出的民主牌顯然不如中國共產黨帶來的穩定更具吸引力"。"30 歲的中國人出生以來經歷了人均 GDP 高達 32 倍的增長，而 30 歲的美國人只經歷了 3 倍增長。"

這篇文章的作者，還引用他採訪的一些中國人的觀點說："中國人對美國選舉政治如此混亂和粗鄙感到困惑。在很大程度上，這標誌著中國人感到西方民主制度不好，也標誌著中國人真的相信美國制度是有缺陷的。""外人可能會覺得我們這代人被洗腦了。其實不是，我們出國旅遊、留學，了解外面的世界，為自己國家和我們取得的成就感到自豪。經歷了疫情，我們現在當然覺得中國制度運作得更好。我們感到安全放心。"

◇◇◇◇◇

問　　西方國家對中國共產黨印象不好，還有一個原因，是認為中國共產黨全盤照搬了蘇聯共產黨領導國家的做法。

答　　新中國成立時，學習蘇聯的制度模式主要在如何治國理政方面。在政黨制度上卻有很大區別。

革命過程中，蘇聯的口號是消滅富農，消滅資本家，中國共產黨沒有這樣做。蘇聯除了共產黨外，沒有其他政黨，也沒有資產階級的代表人物參加國家政權。斯大林 1936 年在關於憲法草案的報告中，直截了當地宣稱，蘇聯只能存在一個黨，這個黨必須是且只能是共產黨。

中國的做法恰恰相反。新中國成立時，在中央人民政府 6 位副主席中，有 3 位共產黨人、3 位其他政黨人士；4 位政務院副總理中，有 2 位其他政黨人士；21 位政務委員中，非共產黨人士有 9 位；105 個部長和副部長職位中，非共產黨人佔了 49 個。各省的政府機構，也大致是這樣的比例。

◇◇◇◇◇

問　　在具體政策討論中，這些被稱為民主黨派的參政者，怎樣發揮作用？

答　　擔任國務院總理的共產黨人周恩來，1952 年 6 月 19 日在中國共產黨內部的一個高層會議上說了這樣一段話：

> 在政務會議上，常常有一些資產階級的代表人物反映資產階級的思想。
>
> 為甚麼政務會議每個星期要開一次呢？難道我也是閒著沒事幹，高興每個星期開一次會嗎？不是的。這是有好處的。
>
> 在那樣的會議上有的是不同的意見，有資產階級的話，有開明士紳的話，也有小資產階級的話；有正確的，也有錯誤的。我們聽到這些話就能夠啟發思想。毛澤東同志常常講"兼聽則明，偏信則暗"，正是這樣一個道理。我們管理著這樣大的一個國家，就要注意聽取各種意見。

毛澤東 1956 年對資產階級工商業人士說："我們政府的性格，你們也都摸熟了，是跟人民商量辦事的，是跟工人、農民、資本家、民主黨派商量辦事的，可以叫它是個商量政府。"

前面說過，在中國基本政治制度中，有一塊"基石"，叫"中國共產黨領導的多黨合作、民主協商制度"。中國共產黨治國理政的重大決策正式出台前，都要向民主黨派和工商聯通報，徵求他們的意見。

還有一個更大規模、更高權威的政治平台，叫"中國人民政治協商會議"。從中央一直到縣，都有這個組織，簡稱"人民政協"。這個機構的職能是政治協商、民主監督、參政議政。參加政協的人，叫政協委員。政協全國委員會的委員，來自34個界別，包括各民主黨派、無黨派人士、工商聯、各少數民族、各個宗教團體、各行業領域、各個界別。

各級人民政協和各級人民代表大會一樣，每年都要開會，提出許許多多的提案和議案，交由各級政府相關部門落實辦理，辦完後還必須給政協委員回覆：是怎麼辦的？一時辦不了的，原因在哪裏？

◇◇◇◇◇◇

問　　選舉和票決，是最普遍實行的民主制度。中國共產黨一黨執政的領導角色不被西方理解，可能是因為它妨礙了人們的自由選舉。

答　　在中國，確實看不到西方那樣的相互攻擊得轟轟烈烈、你死我活的選舉，但不能說中國缺少民主選舉和票決政治。中國共產黨中央委員會的選舉、黨和國家領導人的選舉、各級人民代表的選舉、各級人民代表大會決定重大事項和重要人事任命，實行的都是票決制。

如果要較真，一人一票的選舉也不像宣傳的那樣讓人信服。比如，美國總統選舉，雖然是一人一票，但卻是選舉人團的間接選舉，採用的是贏者通吃法則，這對人口相對較少的州是有利的。由此出現敗選一方實際得票比勝選一方還要多的情況。美國一些政治家也覺得這不太合理，認為如果能夠推倒重新來設計，絕不會採取這種制度。但是，要推倒重來，談何容易。制度一旦設定和實施，雖有瑕疵，人們依然認為它是合理的，似乎也不在意是否真的落實了"一人一票"的民主初衷。

　　更重要的是，如果人民只有在投票時被喚醒，投票後就進入休眠期，只有競選時聆聽天花亂墜的口號、競選後就毫無發言權，只有拉票時受寵、選舉後就被冷落，這樣的民主不是真正的民主。

　　一人一票不是具有道德合法性的唯一民主途徑。它不能代替其他民主途徑，只有和其他民主途徑結合起來，才會搭建起良好的民主平台。

　　中國共產黨領導搭建的民主平台，是票決民主加協商民主。就是說，在表決通過重大決策前，設置了一個多黨參政議政、社會各界民主協商的程序，大家反覆討論，找到全社會意見的最大公約數。這樣的民主，可以使重大決策代表人民的根本利益和長遠利益。這是人民民主的真諦。

　　除了票決民主和協商民主，還有民主管理、民主決策、民主監督這樣一些平台。它們一樣重要，一樣關鍵。如果票決選舉時有民主，票決選舉後沒有民主，這樣的民主令人生疑。

　　為此，中國把自己的民主，稱作“全過程人民民主”。其意思是，過程民主和成果民主、程序民主和實質民主、直接民主和間接民主、人民民主和國家意志，是統一的，追求和實現的，是全鏈條、全方位、全覆蓋的民主。

　　中國人不把民主當作用來擺設的裝飾品，而是用它來解決人民需要解決的問題，用它來實現人民對執政黨、對政府的監督權力。一個國家民主不民主，要看人民有沒有投票權，更要看人民有沒有廣泛參與權；要看人民在選舉過程中得到了甚麼樣的口頭許諾，更要看選舉後這些承諾實現了多少；要看制度和法律規定了甚麼樣的政治程序和政治規則，更要看這些制度和法律是不是真正得到了執行；要看權力運行規則和程序是否民主，更要看權力是否真正受到人民監督和制約。

中國共產黨的領導，加上廣泛而扎實的民主平台，可以增強政治執行力，避免許多事情議而不決，避免想幹的事、能幹的事幹不起來；讓抓住機遇才能幹成的事，能夠幹起來；避免國家利益和人民利益被特殊利益集團操控；避免國家大政方針變來變去，長期的發展戰略難以實施。

代表誰？

◇◇◇◇◇◇

 任何一個政黨和政治集團，都有自己明確而特殊的訴求，因為它們各自代表相應社會群體的利益。中國有代表小資產階級和民族資產階級的多個民主黨派。如果是這樣，那麼問題來了：中國共產黨的具體代表性又在哪裏呢？

答 這個問題提得好。中國共產黨一路走來，總是不忘問自己：我是誰，我代表誰。

中國共產黨的特別之處，恰恰在於它從來沒有自己的特殊利益要去爭取。毛澤東說得很明確，"共產黨是為民族、為人民謀利益的政黨，它本身決無私利可圖"。

人們會覺得奇怪，沒有自己的利益，為甚麼要組建政黨拚命幹事？實際上，中國共產黨是別具一格的使命型政黨。馬克思一開始就講，無產階級的使命是解放全人類。因此，中國共產黨不僅是無產階級先鋒隊，也是中國人民和中華民族先鋒隊。它的初心和使命在今天的表達是：為中國人民謀幸福，為中華民族謀復興，為世界謀大同。

中國共產黨一直有一個叫"統戰部"的工作部門。局外人一聽"統戰"兩個字，便有些疑惑和排斥。其實，中國共產黨的統一戰線工作，就是團結、爭取自身的階級基礎以外的各種政治力量。這是中國共產黨能夠成功的一個法寶，也是它擴大社會基礎，體現更廣泛代表性的途徑。

◇◇◇◇◇

 西方國家的一些政黨極端化現象越來越明顯，把自己的代表性推向極端和偏狹，包容性少了，相當程度上削弱了政黨的吸引力。過去，在選舉中，一個國家各主要政黨的覆蓋率加起來，可以達到70%—80%，如果拋出有社會動員力的話題，甚至能吸引90%的選民投票。如今，有的國家相互競爭的兩個主要政黨的全部選票加起來，常常只達到全部選民的50%—60%。政黨的代表性碎片化現象嚴重。

這樣一對比，中國共產黨說要代表全體人民和整個中華民族的利益，在西方看來，是件不可思議也很難做到的事情。

對西方政黨的代表性，中國人也有些疑問。在競選中，政黨領袖以51%的選票當選總統，意味著有49%的選票不同意他。他上台執政後，要做的事情和兌現的承諾，首先要符合選他上台的51%選民的利益。另外49%的選民的利益怎麼實現，他們的心理感受會怎樣？

美國建國後不久，法國的托克維爾實地考察美國政治，寫了《論美國的民主》一書，發出"多數人暴政"的擔憂。如今，西方出現社會撕裂，社會撕裂又促使政黨極端化，政黨極端化的結果是使代表性大打折扣。

更糟糕的情況是，由於分歧越來越大，過去那種贏了中間派就贏了選舉的政治傳統開始動搖。有些參選人已經不大願意嘗試去獲得那些中間選民的認可，若想在選舉中獲勝，需要堅決地迎合自己的支持者，而不是浪費時間去吸引新的中間派選票。這種做法意味著，選民中有些人已經無關緊要。這就導致通過選舉上台的人決策時，難免一意孤行。

這要是在中國，不說有 49% 的選舉人群，就是有 10% 的人不同意中國共產黨的政策，那也屬於動搖執政地位的驚天大事。

◇◇◇◇◇◇

問　在西方有這樣一種說法，中國共產黨是一個奇怪的政黨，常常考慮 100 年的事情。在西方國家，一個政黨上台後，考慮的長遠事情，就是如何贏得下一屆選舉。

答　這是長期執政和短期執政的區別所在。

◇◇◇◇◇◇

問　中國共產黨代表人民利益，但人民是分成不同利益群體的，有多樣化的訴求和期待。這時候，中國共產黨怎麼辦？怎樣去代表不同的利益群體？

答　你說的這種情況，在 1978 年改革開放前實行計劃經濟體制的時候，相對好辦一些。如今經過 40 多年改革開放，容易的、皆大歡喜的普惠式改革已經完成了，好吃的肉都吃掉了，剩下的都是難啃的硬骨頭。對很多人而言，改革如能受益則容易接受，沒有好處就會淡漠旁觀，如果利益受損，一般都會反對。

當今中國社會，事實上出現了利益分化和利益固化的情況。所謂利益分化，是指社會群層的分化導致訴求多樣化；所謂利益固化，是指一些群體獲得和維護他們的利益，出現相對固定的方式和渠道。

擔負領導角色的中國共產黨，面對利益多元化趨勢這道難題，好比越劇《西廂記》裏的一段唱詞："做天難做四月天，蠶要暖和參要寒。種菜哥哥要落雨，採桑娘子要晴乾。"確實眾口難調。

怎麼辦？中國共產黨的做法很明確，就是通過制定和實施相應的政策，來打破利益固化的藩籬，調整利益分化的格局，從而去代表絕大多數人民的利益。

怎樣制定政策，有兩條原則，一個是"牽牛鼻子抓重點"，一個是"統籌兼顧各方利益"。

◇◇◇◇◇

問　　這種中國化表達，人們不太理解。

答　　所謂"牽牛鼻子抓重點"，就是抓住人民群眾反映很大的關鍵事情來做，從而帶動全局發生變化。就像拉動一頭牛，只有把繩子繫在它的鼻孔裏，牠才會跟你走；如果繫在牛的其他部位，牛勁比你還大，是拉不動的。前面討論的中國花那麼大的力氣打"扶貧攻堅戰"，就屬於"牽牛鼻子抓重點"。

◇◇◇◇◇◇

問　　扶貧是代表弱勢群體的利益，這對執政黨來說，是天然的義務。但在多樣化的群層中，就有西方說的中產階級，即中國不斷擴大的中等收入群體，還有收入偏上的一些新階層，比如私營企業主等。他們大多是在公有制經濟之外發展起來的。面對他們的訴求，中國共產黨怎麼辦？

答　　辦法就是"統籌兼顧各方利益"，體現中國共產黨廣泛的代表性。

非公有制經濟在中國主要是指民營經濟。現在有將近 1 億家民營企業和個體工商戶，它們機制靈活、貼近市場，抓住創新創業、轉型升級的機遇發展了自己，同時也為經濟社會發展作出重大貢獻。它們貢獻著中國 50% 以上的稅收、60% 以上的國內生產總值、70% 以上的技術創新成果、80% 以上的就業人口、90% 以上的企業數量，撐起的何止是國民經濟的"半壁江山"。

2017 年 10 月，改革開放後中國大陸第一代民營企業家代表性人物魯冠球去世了。在最後的時光，他對接班的兒子說："這輩子我夠了。"意思是他對自己的一生是滿足的。

魯冠球的人生足夠精彩。1984 年，他把自己創辦的萬向企業生產的萬向節賣到了美國。10 年後，又在美國成立了公司，不出幾年銷售額便達到 20 億美元。如今，美國的三輛汽車中，就有一輛車上有萬向集團生產的零部件。這也使得魯冠球成為中國政府訪美經貿團的常客，曾創造四年三度隨國家領導人出訪的紀錄。

民營企業的發展勢頭，民營企業家的精彩人生，說明了中國共產黨和民營企業家的關係。沒有企業家們的奮鬥創新，民營經濟發展不起來；如果中國共產黨的政策不代表他們、不支持他們，民營經濟也很難發展起來。

　　這幾年，由於內外市場環境發生變化，債務壓力陡增而融資支持偏弱，使民營企業的日子很不好過。為此，中共中央總書記習近平在 2018 年 11 月專門同一些有代表性的民營企業家坐在一起，開了一個座談會。他明確提出 6 條具體舉措來幫助民營經濟克服困難，還說，"民營企業和民營企業家是自己人"，民營經濟 "只能壯大、不能弱化"。

◇◇◇◇◇

問　　民營經濟的蓬勃發展，難道沒有危及中國共產黨的執政基礎和社會主義制度？

答　　中國的基本經濟制度，本來就有多種所有制共同發展、多種分配方式並存、建立和完善社會主義市場經濟體制這樣一些規定。這是毫不動搖地鼓勵支持引導非公有制經濟發展的制度依據。

◇◇◇◇◇

問　　也就是說，民營企業家也屬於接受中國共產黨領導的 "人民"？

答　　當然。民營企業家是中國特色社會主義的建設者，屬於人民的政治範疇。有的民營企業家創業時，本身還是中共黨員。根據黨章規定，他們依然保留著黨員的政治身份。

　　2002 年中共召開第十六次全國代表大會的時候，有一個叫蔣錫培的擁有 12 億元資產的民營企業家，成為以 "民營企業主" 身份填表登記的當選代表。2018 年慶祝改革開放 40 週年的時候，也有好些民營企業家，因為對改革開放作出傑出貢獻而受到中央表彰。

2021 年，習近平回顧歷史，說了一句名言："江山就是人民，人民就是江山。"擔負國家領導角色的中國共產黨，為實現初心和使命，很重要的方式就是通過制定和實施正確的政策，把不同群體的人民組織起來，在正確的時間、正確的地點，做正確的事情，維護好、發展好人民的利益。

治國之道

◇◇◇◇◇

問　你前面談到，中國共產黨是最高政治領導力量。它用甚麼方式領導中國？

答　第一，是引領中國的政治方向，比如探索提出中國道路，帶領人民堅持和發展這條實現民族復興的必由之路。第二，統領政府、人大這樣一些權力機構，在這些部門，都設有黨的組織，以保證權力運行過程體現黨的領導。第三，負責制定各種重大決策並領導實施，比如制定和實施國家經濟社會發展規劃。中國共產黨治國理政的內容和方式還有很多。

◇◇◇◇◇

問　在中國的政治語言中，經常出現“中央”這一概念，通常是在甚麼語境下使用這個概念？

答　通常情況下，“中央”是指中國共產黨中央委員會，簡稱“中共中央”。中央委員會是黨內最高領導機關，其成員是領導中國的政治家集團。它由每 5 年召開一次的黨的全國代表大會按得票多少，差額選舉產生。2017 年選出的第十九屆中央委員會，有 204 名委員、172 名候補委員，基本上都擁有大學或研究生學歷。

◇◇◇◇◇◇

問 是否可以說，中國共產黨治國理政，似乎就是黨的中央委員會治國理政。

答 大體上是這個意思。中央委員會每年都要召開全體會議，簡稱 "中央全會"。每次全會都要討論一個專題，諸如改革開放、經濟社會發展、黨內政治生活、文化建設、國家制度建設等，大多也會通過一項相應的決定、決議或建議，成為治國理政的大政方針。

比如，中國共產黨每 5 年都要召開一次中央全會，專門討論通過一項 "國民經濟和社會發展五年規劃建議"。制定五年規劃，從一個側面反映中國共產黨領導國家建設的方式。

從 1953 年至今，中國共產黨已經制定了 14 個 "五年規劃"，大體經歷了三個階段，從中反映出中國共產黨治國理政能力不斷提升的過程。

第一個階段，是在計劃經濟體制下制定的 5 個 "五年計劃"。這些計劃主要採取指令性的管理方式，層層分解下達到地方和企業。這 5 個 "五年計劃" 的實施，基本形成獨立的比較完整的工業體系和國民經濟體系。

第二個階段，是計劃經濟體制向社會主義市場經濟體制轉變過程中，制定的 4 個 "五年計劃"。此前的計劃，主要是經濟建設，從第 5 個 "五年計劃" 開始，增設了社會發展的內容。計劃的執行方式，也從行政指令性安排和政府直接配置資源，逐步向符合市場經濟規律的宏觀經濟管理轉變。這4個"五年計劃"的實施，初步建立起社會主義市場經濟體制的基本框架。

第三個階段，是進入21世紀後制定的5個"五年規劃"。其間，中國共產黨對執政規律和社會主義建設規律的認識不斷深化，並且把名稱從"計劃"改為了"規劃"。這些規劃的實施，實現了全面建成小康社會的戰略目標。

◇◇◇◇◇

問 中國共產黨依據甚麼制定"五年規劃"的建議？

 中國每10年都要做一次人口普查，每年做一次經濟社會調查，意在為政策調整提供依據。每當制定新的"五年規劃"時，還要做更深入和普遍的調查研究。

2020年制定的第14個"五年規劃"《建議》，經歷了很複雜的過程。習近平擔任規劃《建議》起草小組組長。正式起草前，包括國家高端智庫的60多個單位圍繞經濟社會發展中的38個專題，形成了200多份研究報告。各地區各部門，還提交了109份有關新的"五年規劃"的意見和建議。《建議》起草小組反覆研究這些報告和意見後，拿出《建議》稿的基本框架和重要內容，並交由中央政治局和中央政治局常委會多次審議。

與此同時，中央領導人還多次到基層，問計於民。比如，習近平到湖南長沙，同來自基層的村黨支部書記、鄉村教師、扶貧幹部、農民工、種糧大戶、貨車司機、快遞小哥、餐館店主、法律工作者，座談了兩個多小時。問計於民，還包括在網上徵求意見。網民在網上留言有 100 多萬條，規劃《建議》起草小組從中整理出 1000 多條具體建議。

有了《建議》初稿後，習近平還主持召開 7 次座談會，分別邀請民主黨派和無黨派人士、企業家、經濟社會學家、科學家、教育文化衛生體育工作者、基層代表等參加，當面聽取意見。經過反覆打磨，這才把《建議》稿拿到中國共產黨十九屆五中全會上審議修改，最後得以通過。

走到這一步，事情並沒有完。

還需要由國務院一個叫 "國家發展和改革委員會" 的正部級機構，根據中共中央提出的規劃《建議》，編制出更具體的可操作的工作綱要和細目。

最後一步，是把 "規劃綱要" 轉化為國家意志，提請國家最高權力機關──全國人民代表大會審議，代表們又會提出一些修改意見，然後票決通過，最終成為法定文件。

一旦成為法定文件，剩下的便是執行，由國務院各部門和各級政府負責落實到實際工作當中。

◇◇◇◇◇◇

問　　實在太複雜，聽得我頭都大了。想不到中國共產黨治國理政，內部運行過程如此細密。沒有專注和耐心、沒有使命感和責任心，這樣的領導角色確實擔當不起來。我更關心的是，中國制定的規劃，管不管用？真的都能夠落實嗎？

講一個故事，你就明白了。

2020 年 12 月，中國的 "嫦娥五號"，成功地帶回了月球上的土壤樣本。令人驚訝的是，有人翻出 16 年前的一張報紙發現，整個探月計劃早在 2004 年就制定了一個 "繞、落、回" 的實現步驟，和後來的實際情況一模一樣。就是說第一步讓飛行器能夠繞著月球飛行，第二步是落在月球上實地探測，第三步是把月球上的土壤樣本帶回來。

假如你回到 16 年前，看到這個新聞，或許覺得這是個夢想，是充滿不確定性的計劃。結果，中國人幹事，就真的這麼有定力，計劃被嚴絲合縫地執行了。

◇◇◇◇◇

 制定 "五年規劃" 不是年年都有，通常情況下，中央全會每年也只召開一次，一些日常的治國理政事務由誰來處理？

 中央委員會選舉產生的中央政治局和它的常務委員會，在中央委員會全體會議閉會期間行使中央委員會的職權。實際上，中央政治局和它的常務委員會成員，大多擔負治國理政方面的日常事務和具體責任。比如，在全國人大、國務院、人民政協全國委員會、中央軍事委員會以及個別省區市黨委擔負主要領導職務。中央政治局和政治局常務委員會，經常開會議事、辦事。

從宏觀決策和協調統籌上講，中央層面還有一種 "領導小組" 或 "專門委員會" 制度。這是中國共產黨領導治國理政的重要途徑和方式。

　　從 1958 年開始，中共中央設立財經、政法、外事、科學、文教五個領導小組。領導小組的功能最初是 "咨詢性質" 和 "臨時決策"，後來發展為議事決策、協調執行。比如，為了辦好研製 "兩彈一星" 這件大事，1962 年年底，成立了一個由中央政治局、國務院、中央軍委若干領導人組成的 "中央專門委員會"，這個機構集指揮權、財政權、人事權於一體，中共中央副主席、國務院總理周恩來親自擔任主任，集中統一領導原子彈、導彈和人造衛星的研製工作。

　　改革開放後，沿襲了這種領導體制。目前設立的負責治國理政日常事務的 "專門委員會" 或 "領導小組"，有中央全面深化改革委員會、中央國家安全委員會、中央財經委員會、中央外事工作委員會、中央全面依法治國委員會、中央思想宣傳領導小組、中央統一戰線工作領導小組、中央港澳工作領導小組，等等。此外，為應對重大突發事件，也會成立一些臨時性的領導小組。2020 年便成立了中央應對新冠肺炎疫情工作領導小組。

　　一般來講，專門委員會、領導小組成員可以來自黨的工作部門，更多的是來自政府相關部門，由此既實現黨對重大工作的領導，也能確保辦好大事的專業性。

◇◇◇◇◇◇

問　　中國共產黨如此設計自己的領導角色，和西方執政黨確實不大一樣。西方輿論也有一些埋怨，新上台的政黨常常會推翻前任的政策，從而使一些政策難以一以貫之，治國理政好像是頭痛醫頭，腳痛醫腳。我要問的是，中國共產黨的基層組織和個體黨員在治國理政上發揮甚麼作用？

中國共產黨的執政力量，不是抽象的存在，或只在特殊情況下才讓人看得見。它在全國範圍內建立有嚴密的組織體系。其中各級地方黨委有 3200 多個，各級政府中的黨組織有 14.5 萬個，基層黨組織 468 萬多個。這是世界上任何其他政黨都不具有的治國理政優勢。

　　中國共產黨是"行動黨"，不是"口號黨"。它治國理政的理念和政策最終是靠基層黨員幹部，把人民組織起來去落實的。

　　江蘇農村有個華西村，華西村有個人叫吳仁寶，前幾年去世了。他曾以 48 年村黨支部書記的履歷，成為在中國共產黨內最小"官位"上任職時間最長的人。

　　最小的官，幹出了大事情。他帶領華西村農民辦了不少企業，落實共同致富的理念，使華西村戶戶住別墅、家家有汽車，人均存款超過百萬元，村民擁有很好的福利和社會保障。

　　吳仁寶這樣做的內在動力是甚麼？他說：我是窮過來的，最大的心願就是讓窮人過好日子，這是我的原動力。甚麼是社會主義？人民幸福就是社會主義。千主義萬主義，社會主義讓人民能夠富裕，就是最好的主義。

　　安徽省財政廳有一個副處級幹部，叫沈浩。2004 年下派到安徽小崗村扶貧，擔任村黨支部第一書記和村委會主任。2007 年掛職三年到期後，全村農民捨不得他走，起草了一封挽留信，農民們按上手印要求上級部門把他留下來帶領村民再幹三年。2009 年 11 月，沈浩因勞累過度病逝在小崗村他臨時租住的房子裏。

　　沈浩為甚麼受到歡迎呢？他帶領小崗村的農民修建公路，為農民集中蓋住宅樓，培育壯大葡萄產業，把土地集中起來成立小崗村發展合作社，等等，使小崗村村民的生活發生了很大變化。

◇◇◇◇◇◇

問　　中國共產黨長期執政，領導中國，歷史經驗和現實成就給了它很大自信。我的感覺是，領導這樣複雜的大國，要做得對、做得好，似乎完全靠中國共產黨特別是它的領導層在治國理政上不犯錯誤。

答　　世界上沒有不犯錯誤的政黨。中國共產黨是犯過錯誤的，而且幾次陷入危機。但它一路走來，風雨兼程，總是能不斷修正錯誤、克服危機。

　　在治國理政上，中國共產黨犯的最大錯誤，是搞"文化大革命"運動。但它犯錯誤，出發點不是為了維護自己的甚麼利益，而是在一些戰略全局的判斷上發生了失誤。犯了錯誤，怎麼辦？它的做法是認真檢討、總結經驗、切實改正。錯誤和挫折教訓了中國共產黨，使它更加聰明起來，由此擁有不同於其他政黨的應對危機的智慧和能力。

◇◇◇◇◇◇

問　　也有人擔心，現在搞得不錯，萬一甚麼時候又沒有搞好呢？

答　　這正是中國共產黨充滿憂患意識的原因。所謂憂患意識，就是敏銳應對各種挑戰，注意去發現那些容易出錯的地方，時刻提防因為應對不當而犯錯。在風險和挑戰面前，中國共產黨做決策還提倡底線思維，意思是從最壞處作準備，爭取最好的結果。

　　當然，一般性失誤誰都不能保證不會出現，但大的顛覆性錯誤是絕對不能犯的。

　　中國共產黨擔當領導角色，實際上有一種如履薄冰的心理壓力。歷史和人民既然選擇你成為"國家大腦"，接受你的領導，你沒有任何理由在治國理政上出現大的失誤。

為此，中國共產黨經常總結治國理政經驗，不斷提升執政水平和能力。在思想方法上強調"實事求是"。它的字面意思是，從實際對象出發，探求事物的內部聯繫及其發展規律，認識事物的本質。用在治國理政上面，就是弄清楚中國發展的歷史方位，回應時代和人民的要求，根據實際情況作出正確的決策，然後一代人一代人地幹下去。

這是中國共產黨最根本的治國之道。

怎樣塑造好自己的角色

◇◇◇◇◇◇

問　中國人常說一句話：辦好中國的事，關鍵在黨。甚至說過，中國出問題，首先是中國共產黨內部出問題。

答　的確，中國共產黨能不能擔當好領導角色，關鍵在能不能管理好自己，塑造好自己的角色。

◇◇◇◇◇◇

問　中國共產黨是怎樣管理自己，塑造自我角色的？

答　管理自己，塑造好自我角色，就是搞好黨的自身建設。中國共產黨成立 100 年了，已經建立起一整套嚴密的管理好自身隊伍的制度體系。

新時代以來，中國共產黨有一個新認識，必須要靠制度來管黨治黨。於是，對中央委員會、中央政府部門的黨組、地方黨委、農村和國有企業基層黨組織，都制定出了詳細的《條例》，明確它們的責任、義務、權力、工作程序等。只有黨的各級組織都健全、都過硬，形成上下貫通、執行有力的嚴密組織體系，黨組織的運行，才能"如身使臂，如臂使指"。

◇◇◇◇◇

 西方國家的註冊黨員，大多是因為政見相同走在一起的。平時能夠贊成本黨的主張，選舉時投本黨的票，幫助宣傳本黨的候選人，就算盡了一個黨員的義務。中國共產黨擁有比德國總人口還要多的成員，平時怎樣進行管理？怎樣保證他們都能夠心甘情願地去履行自己的義務，而且有能力去履行自己的義務？

成為中國共產黨的成員，不是件隨意和輕鬆的事情。也不像西方註冊黨員那樣，誰想加入就能夠加入。除了自己寫申請書外，還要經過一系列考察、確認程序。能夠入黨的人，通常都有積極向上的追求，在工作中有比較好的表現，為人處事的口碑不能差，還要有承擔更多事務的願望和能力。

絕大多數黨員都工作和生活在基層，自己就是老百姓。不同的是，他們是各行各業的積極分子和活躍力量，大多有相應的"角色意識"。

比如，外國人來中國，在機場、火車站、旅遊景點、銀行、商場常常會看到"黨員先鋒崗"這類牌子，或許會不明所以。但對中國老百姓來說，他們會不假思索地走到這塊牌子下面排隊，接受服務。因為，這樣的牌子意味著工作人員的技能高些、服務態度好些。這種做法，對共產黨員來說，既亮明"角色"，又接受監督，還是一種激勵。

大多數黨員都能夠根據所在組織的要求，去履行自己的義務。中國共產黨每年都要表彰一批履行義務出色的優秀共產黨員，以樹立榜樣的感召力。

為了教育培養黨員幹部，從中央到縣級黨委，辦有規模不同的黨校。凡是在黨內有相應職務的領導幹部，大體上每5年都要進入黨校學習一次。通過學習黨的政策理論，以強化黨員幹部角色、堅定信仰、提高工作能力。

中央政治局成員每個月要集中在一起學習一次，學習內容涉及黨的建設和治國理政等方方面面。諸如怎樣理解黨提出的"自我革命"、怎樣推動"一帶一路"倡議、怎樣依法治國，還有海洋管理、扶貧、哲學、經濟學、傳統文化、生態文明各式各樣的專題。

中國共產黨提倡向實踐學習。一些新的治國理政思路，是在不斷總結實踐經驗的基礎上提出來的。比如，剛搞改革開放的時候，誰知道會走向社會主義市場經濟？正是經歷了 14 年的不斷摸索，根據實踐效果，才在 1992 年正式明確我們的經濟體制改革的目標是建立社會主義市場經濟。

社會主義市場經濟怎麼搞？起初理想化一些，把市場經濟的優點看得多一些。現在，中國共產黨非常清楚，市場經濟必須是法治經濟、是道德經濟，市場經濟不能搞成"市場社會"，在社會和民生領域不能完全靠市場來支配資源。中國共產黨正是在不斷的學習中，適應和引領時代以提升治國理政水平的。

◇◇◇◇◇◇

　你前面說到，絕大多數黨員實際上就是老百姓，那麼，甚麼樣的黨員才能夠當上領導幹部呢？用甚麼樣的規則，來選擇和提拔黨員幹部？

答　領導幹部是逐級成長和選拔起來的。比如一位 22 歲大學畢業的年輕人，如果有志於當公務員，進而成為黨員領導幹部，那麼他必須先到工廠、農村、街道、公司這樣一些基層崗位上去工作，幹得好，再一級一級地往上升。即使他有幸直接通過公務員考試，入職進了高層機關，也要先到基層去鍛煉一兩年。

領導幹部的上升階梯，層級多，而且複雜。從基層的科員一級一級地幹起，要升到省級或部級領導崗位，基本上要 30 年左右的時間。進入中央領導層的，大多在 60 歲左右。而省部級以上的領導，每屆也就幾千人。平均算下來，一個幹部從入職到成長為省部級領導，需要從幾百萬個幹部中脫穎而出。這和西方一些國家，沒有任何從政經驗，也可以當選總統，或者被總統任命為內閣成員，很不一樣。

有人把中國的幹部制度，稱之為"賢能政治"，不無道理。幾十年的磨煉，既能看出一個幹部是否有行政管理"才能"，也能看出他是否有忠誠、乾淨和擔當的"德操"。

忠誠、乾淨、擔當，是選擇和提拔領導幹部的重要條件。忠誠，是對黨的信仰和黨組織的忠誠；乾淨，是指清正廉潔。擔當，涉及幹事情的熱情和能力。

當前，確實出現了一些領導幹部不敢作為、不願作為、不能作為的情況。比如，在東部某省的一個鎮，一位鎮幹部發現一份鄉村振興的中央文件，有一條政策非常適合本鎮的發展需要。他向上級請示"能不能做，如何做"，收到的回覆是"按相關規定辦"。有記者在採訪此事時發現，這份回覆文件的批閱欄裏寫著"請某某縣長、某某局長閱"，總共有 10 餘名縣級領導和部門領導看到了這個請示報告，卻誰都沒有發表具體意見。

一位基層幹部說："中央、省裏的文件是統攬全局的指導性意見，要指導實踐，需要市裏縣裏根據本地實際出台具體細則，否則'按規定辦'就真的沒法辦。"這說明，現在更需要的是肯幹事、能幹事、幹成事的幹部。這是擔當的本來含義。

◇◇◇◇◇◇

問　在黨的建設工作中，中國共產黨最擔心的是甚麼？

答　最擔心的是脫離人民群眾。中國共產黨得以長期執政，是因為擁有別的政黨不曾有的先進性。但是，先進性不是一勞永逸的。過去先進，不等於現在先進；現在先進，不等於永遠先進。衡量先進與否的關鍵尺子是能不能獲得人民的信任和擁護。

習近平提出要避免掉進“塔西佗陷阱”。擔任過古羅馬執政官的歷史學家塔西佗，在談論執政感受時說：“當政府不受歡迎的時候，好的政策與壞的政策都會同樣地得罪人民。”這個說法被後人概括為“塔西佗陷阱”，意思是，當公權力失去公信力時，無論發表甚麼言論、無論做甚麼事，人民都不相信，社會都會給以負面評價。

經濟發展了、人民生活水平提高了，但不直接等於黨同人民群眾的聯繫更加密切、必然密切。在局部領域，有時候反而疏遠了。中國共產黨當然還沒有走到“塔西佗陷阱”這一步，但存在的問題確實不少，有的還很嚴重。

◇◇◇◇◇◇

問　管理自己的隊伍，塑造好自己的角色，除了正面表彰、教育和提拔等方式外，對那些不合格的，喪失黨員“角色意識”的人，怎樣處理？

發現領導幹部有錯誤，根據錯誤大小不同有四種處理方式：約談函詢，批評教育；給予警告或調整工作崗位；職務降級；嚴重違紀違法和涉嫌職務犯罪的，開除黨籍，起訴審判。

　　這裏說一組數字。為了改變人民群眾最深惡痛絕的官員腐敗現象，從 1982 年到 2011 年的 30 年間，因違紀違法受到處理的省部級領導幹部共有 456 人。從 2012 年 11 月到 2020 年 1 月，7 年多的時間裏，因違紀違法被立案審查和受到查處的中央直接管理的幹部 414 名（大多是省部級高級幹部），這還不包括 100 多名軍隊軍級以上的將領。同一時期，立案審查的廳局級領導幹部接近 17000 名，縣處級領導幹部就更多了。

　　反對腐敗的力度，前所未有。領導幹部的“乾淨”程度有很大提高。

◇◇◇◇◇◇

    一直說要從嚴治黨，今天的“從嚴”有甚麼特點？

    中國共產黨最近有個新說法，叫“自我革命”。所謂“自我革命”，就是自覺塑造好黨員的角色，要像延安整風那樣，不斷拋棄掉身上不好的東西，保持先進和純潔，跟上新的時代。領導幹部每年都要在相應的範圍內，對照檢查自己的不足、分析不足的原因，進行批評與自我批評。這種做法叫作“民主生活會”。

　　為了彌補過去管黨治黨上的一些漏洞，加大約束力，中國共產黨開始注重工作和生活細節的管理。

　　領導幹部開會講排場，利用公款請客；違規兼職特別是在企業兼職取酬；收取享用別人贈送的各類會員卡；把家庭成員送到國外定居，自己在國內當"裸官"；出差時被安排到風景名勝觀光一番，或順帶收點地方的土特產；逢年過節機關單位出錢買些購物卡或月餅之類的禮品送人，凡此等等，過去被認為是法不責眾、司空見慣的尋常事。如今都不行了，都要受到處分。若有人於燈紅酒綠處大吃大喝，被拍下場景或賬單，隨手發到網上，一經查明真是公款消費，吃喝者便不好受了。

四川省涼山州，有名領導幹部帶領 15 個人的工作組下鄉，開了 10 台越野車，加上縣裏陪同的車輛，在崎嶇的山路上形成一支綿延一二里路的車隊。晚上本來安排的是工作餐，卻因為前來看望的同鄉、同學和親友越來越多，變成了 60 人參加的大宴席，花了 15000 多元。

中共四川省的紀律檢查部門，對這起事件進行了嚴肅處理。涼山州為此還制定了"十條規定"。其中一條很特別，就三個字："不殺牛"。原來，當地老百姓有一個風俗，婚喪嫁娶、招待尊貴客人都要殺牛。這個風俗後來有些變味兒，凡是上級領導來了都要殺牛招待。新規定一出，無論大事小事都要殺牛宰羊顯排場的風氣，被剎住了。

◇◇◇◇◇◇

　　從細節管起，在細節上從嚴確實是一大進步。

管理還只是通過外部約束，讓黨員幹部"不敢"和"不能"去做違背黨紀國法的事情。現在，中國共產黨正採取其他辦法，讓領導幹部"不願"和"不想"去做違背黨紀國法的事情。

第六章

土壤

中國文化

無論西方是否承認中國的價值觀，我們都不得不承認中國作為一個龐大文明體系的存在，並且很有可能在未來與西方體系長期共存。

——克里·布朗（英國教授）

不管背景有多不同，雙方其實有許多共同點。當來自不同國家的人們為共同目標而共同努力時，好事情會發生。

——邁克·德瓦恩（美國俄亥俄州州長）

面對文化差異，怎麼辦？

◇◇◇◇◇◇

 美國的亨廷頓 1996 年出版《文明的衝突與世界秩序的重建》一書，提出一種觀點，美蘇冷戰結束後，國家間發生衝突的根源不再是意識形態而是文明，主宰全球的將是“文明的衝突”。今天看來，中國好像真的遇到了一場“文明衝突”。歐洲有人把中國道路，看成是對西方發展模式和民主模式“整體意義上的危害”。2019 年，擔任美國國務院政策規劃事務主任的基倫‧斯金納博士乾脆表明：“美國正著手準備應對美中之間將發生的文明衝突。”

答 我注意到基倫‧斯金納博士的那個講話。她說：當初美國與蘇聯的冷戰是“西方大家庭內部的一場衝突”；當前美國與中國的爭端，是“一場與一種完全不同的文明和不同的意識形態的較量，這是美國以前從未經歷過的事情”。她的依據是，中國“構成了獨特的挑戰”，因為中國“不是西方哲學和歷史的產物”。

看來，有人確實想把國家發展道路的差異歸結為更深層次的文明衝突。

◇◇◇◇◇

問　　不同國家、民族、地區和信仰之間，看起來像“文明衝突”的事件，在歷史上確實發生過。最明顯的是歐洲十字軍東征。同一個文明地區，圍繞不同價值信仰的內部衝突，也有不少。西方內部就經歷過天主教和基督教的衝突，中國內部也有過佛教和道教的矛盾。

答　　問題在於，這些是文明本身的衝突，還是信仰不同文明的國家、地區、民族、群體之間，為爭取現實利益而發生的衝突？這是值得思考的。

　　不少衝突，實際上根源於社會、經濟、政治上的利益矛盾，當然，有人也會拿“文明”來說事。某些霸權國家強力干預擁有不同文明背景的其他國家和地區，好像是不同文明發生了衝突，其動機事實上來自地緣政治或經濟利益的算計。挑起衝突、製造隔閡的未必是文明本身，而是不同文明背景的人懷抱的實際利益。

　　正好，2021 年 4 月 6 日，美國副總統卡瑪拉・哈里斯，在參加拜登政府就業和基建政策的活動時，不慎道出真相：“我參加過很多關於外交政策的會議，數年來和數代人以來的戰爭，是為了爭奪石油而打響的。但很快爭奪水資源的戰爭就會到來。”

　　聽到這樣的自白，不妨作這樣的簡單推理：人們一直以為美國是為了人權和民主才發動戰爭的，而那些被美國攻打的中東國家有石油，只是一個巧合。接下來，美國如果在恰好有豐富水資源的國家傳播人權民主，肯定不會讓人覺得意外。如果這些有水資源的國家，又恰好像有石油的中東國家那樣，擁有和美國不一樣的文明背景，那麼，“文明的衝突”的邏輯，看起來就成立了。有西方網民正是這樣推論的。

◇◇◇◇◇◇

 不同文明之間和諧相處，畢竟是一件難事。

在人類生活的這個星球上，有 70 多億人口、200 多個國家和地區、2500 多個民族、5000 多種語言，還有各式各樣的宗教信仰，和諧相處確實比較難。但只要不試圖以自己的文明代替別人的文明，承認多樣和差異，相互包容，是可以做到的。如果擁有足夠的文化自信，不同文明不僅能夠和諧相處，甚至還可以在交流互鑒中取長補短。

向西方學習了近 200 年，並沒有讓中國變成西方，自身的文化土壤依然堅實。一代又一代人是看著西方詩歌、小說、美術、電影、電視劇長大的，這些文藝作品不僅給他們帶來快樂和審美愉悅，連帶著，西方的歷史、制度、價值觀念、生活態度、風俗習慣，也給了他們不小的影響。在中國看來，這種文化上的交流正是文明進步的助力。

西方近代史上的一些賢哲，對中華文化並不排斥，甚至流露出濃厚興趣和讚賞態度。

德國科學家和哲學家萊布尼茨在《中國近事》一書中說：“在實踐哲學方面，歐洲人不如中國人。”法國百科全書派的伏爾泰讚嘆：“中國為世界最公正最仁愛之民族。”他欣賞中國的孔子，甚至把自己的書房命名為“孔廟”，發表文章的筆名，有時乾脆就用“孔廟大住持”。德國大詩人歌德認為，在中國，“一切都比我們這裏更明朗、更純潔，也更合乎道德”。

這些讚語，並不能說明近代歐洲的賢哲沒有文化自信，而只是說明，來自東方的文明讓他們好奇和驚訝，感到確實有另外的一種文明存在著，並試圖以之來補充和進一步發展西方文明。這是西方近代上升階段從容自信的文明氣度。

　　即使在今天，普通的西方人也不排斥中國文化。形象展示中國傳統元素的傳播作品，依然獲得他們的點讚。

　　四川綿陽市有位叫李子柒的 20 多歲的姑娘，從小跟著爺爺、奶奶在農村長大。2017 年，她在美國視頻網站 YouTube 上發佈第一個自製視頻 "用葡萄皮做裙子"，隨後迅速走紅。原因是她穿著傳統的女性漢服，以家鄉農村為背景，製作了一批網絡視頻，原汁原味地再現了充滿詩意的農村生活和令人驚訝的中國傳統工藝。她自己彈棉花，縫棉被，印染花布，做豆腐，燒傳統農家菜，用竹子做家具，製造毛筆和宣紙，釀造黃豆醬油，種植水稻……每條視頻，都有 500 萬以上的播放量。2021 年 2 月，吉尼斯世界紀錄官方微博宣佈，李子柒的短視頻以 1410 萬的訂閱量，刷新了由她此前創下的 "最多訂閱量的 YouTube 中文頻道" 吉尼斯世界紀錄。

◇◇◇◇◇◇

 關於中國文明，西方輿論為甚麼會生出 "衝突" 的感受？

答 這是個非常有意味的話題。

　　西方過去大多把中國看成經濟成功的獨特國家，現在沒這麼簡單了。中國的發展讓自己被置於世界舞台的聚光燈下，人們開始更多地從政治、社會結構，進而從文明和價值觀的角度來打量中國。

　　中國文明的 "聲音" 雖然在增強，但遠不足於和西方輿論保持平衡，與中國自身具備的經濟和政治影響力尚不匹配。那些打量中國文明和價值觀的西方人，有的對中國文明實際上比較陌生。陌生，正是滋生猜測和臆斷的溫床。

有個叫當代中國與世界研究院的機構，訪問了全球22個國家的11000人，其《中國國家形象全球調查報告2018》提供的數據是：發達國家受訪者大多認為，中餐是最能代表中國文化的元素，而發展中國家受訪者大多認為，中醫藥和武術是最能代表中國文化的元素。

世界了解的、被選擇為代表中國文化的這些元素，恰恰不足以反映中國道路的文化本質。

人們難以深入了解中國文化的特點，還與中國人的思維和表達方式讓西方人接受起來有一定難度有關。

中國傳統思維，強調"己所不欲，勿施於人"，就是說，你自己都不想幹的事情，不能強求別人去幹。中國人習慣上是"各美其美，美美與共"，講的是大家相處，每個人都可以堅持自己的愛好和習慣，各種愛好和習慣可以相互包容和相互欣賞，沒有必要面對差異去否定甚至改造別人。這些價值觀，是當代中國看待國際關係的思想邏輯，提倡"和平共處""和平發展""互利共贏"的文化土壤。

但是，無論中國怎樣真誠地傳播這些理念、奉行這樣的國際交往準則，在西方一些人眼裏，好像就是個口號，難以真正理解和認同。因為他們聽到的、接收到的、運用的話語體系，是以個人主義和自由主義價值觀為基礎的表達。

中西方社會應對新冠肺炎疫情措施不同，就有文化習慣使然。為了自己也為了公共安全，中國人戴口罩很自覺，沒有覺得有甚麼不對；但在不少西方人看來，只有在醫療環境中才需要戴口罩，在美國，戴不戴口罩甚至會成為政治態度的表達。在政府推出隔離措施後，中國人的紀律性和服從性很強，基層政府的執行力度也非常大；而西方國家不到萬不得已，不會作出隔離決策，因為那將涉及人權和自由。美國的密歇根州便出現幾千民眾開車遊行示威，反對 "居家令"，口號是 "沒有自由的安全叫監禁" "不自由，毋寧死"。

美國因新冠肺炎已有 50 多萬人不幸離世，但民眾針對政府的情緒似乎不大；這要是發生在中國，對政府來說，將是很難承受的災難。可見，政府的責任和義務鏈條，在中西方是不一樣的。

◇◇◇◇◇

 如果深入了解了中西方文化差異，難道就會擺脫 "文明衝突" 的困擾？

答　　當然不會。在文化差異面前，西方和中國有不同的選擇習慣。

面對不同的文化差異和文明形態，西方政治意識形態似乎有一種天然的偏見和排斥，容易條件反射式地把中國的主張納入其零和博弈的思維框架來評判。比如，中國提倡構建人類命運共同體，美國學者安德里・沃登撰文說："中國所設想的新世界秩序將不會包括西方價值觀，而是建立以中國規範、價值觀和話語為核心的人類命運共同體。" 或者，乾脆就認為人類命運共同體及其 "互利共贏、義利兼得" 等，"是典型的 ‘烏托邦’ 理念"。

我的感覺是，"和而不同" 的傳統，拓展了新時代中國創造人類文明新形態進而為世界謀大同的想象力和創造力；個人主義和自由主義傳統導致的狹隘和偏見，限制了西方一些人與時俱進的想象力、認知力、判斷力。

中國女外交官傅瑩，在她的《看世界》一書中，記述過基辛格的一個看法。基辛格說：美中都認為自己的文化是獨一無二的，但中國人尋求別人的尊重，美國人尋求別人的皈依。美國歷史上很少有人學習過中國的哲學思想，美國傾向於將所有問題轉化為法律問題，而中國傾向於將問題看作歷史進程。這是我們必須應對的觀念差異的挑戰。

法國前總理拉法蘭，在他的《中國悖論》一書裏說：有一點越來越清晰，就是在西方希望向中國強加他們的觀念時，中國人在努力證明可以提供一個不同的"中國方案"。西方人認為相對的事物必定衝突，真相只有一個。但中國的"陰陽平衡"文化讓他們認為好壞、是非可以共存。世界本來就這樣，兩個不一致的觀念和真相是可以並行的。這種文化差異導致歐洲人在看待中國時，常常帶著輕視和傲慢的態度。

西方國家率先登上並長期置身於現代化高地，形成居高臨下看世界的習慣，以及固定的文化視野和文化優越感。看到和自己不一樣的文化風景，自然會在一些人心中轉化成"文明衝突"的感受。

發展中國家在學習和追趕現代化過程中，既有所得，也受到來自西方居高臨下的指責。如果碰上中國這樣擁有自信的"學生"，成績不錯又堅持走自己的現代化道路，被一些人視為"異類"或"對手"，似乎在所難免。

中國和西方的文明關係雖然複雜，說到底，根子恐怕就在這裏。

面對文化差異，中國的態度和西方不同。

為追趕現代化，中國對西方文化的了解、研究和學習，已經持續了將近兩個世紀。它不會無端反對和自己不一樣的東西，而是坦然面對；最多只是用實踐告訴西方，"我和你確實不一樣"。

中國處理文化差異的方法，叫"求同存異"。意思是：不一樣的地方大家可先各自保留，儘量找出更多相同的地方，把"同"作為互動接近的基礎，努力朝一個方向走，在這一過程中，逐步淡化和消弭"異"容易帶來的衝突。

◇◇◇◇◇

 問　對如何擺脫"文明衝突論"困擾，有甚麼建議？

答　贊同"文明衝突論"的畢竟是極少數人。更多的人只是覺得，中國的崛起和發展對西方價值觀帶來了挑戰。挑戰或許存在，但它是客觀形成的，並不是一定要對其他文明造成威脅。

當今世界，各國文明在傳承和發展中都面臨著挑戰。最明智的辦法是"解放思想"，跳出習慣的思維方式。

已經有不少睿智的建議擺在我們面前。

英國倫敦國王學院的克里·布朗先生提出："無論西方是否承認中國的價值觀，我們都不得不承認中國作為一個龐大文明體系的存在，並且很有可能在未來與西方體系長期共存。"

即使提出"文明衝突"的亨廷頓，在其《文明的衝突與世界秩序的重建》一書中，也道出一些實話。他說："西方文明的價值不在於它是普遍的，而在於它是獨特的。因此，西方領導人的主要責任，不是試圖按照西方的形象重塑其他文明，這是西方正在衰弱的力量所不能及的，而是保存、維護和復興西方文明獨一無二的特性。"

中國國家主席習近平說得更明確："不要看到別人的文明與自己的文明有不同，就感到不順眼，就要千方百計地去改造、去同化，甚至企圖以自己的文明取而代之。歷史反覆證明，任何想用強制手段來解決文明差異的做法都不會成功，反而會給世界文明帶來災難。人類有膚色語言之分，文明有姹紫嫣紅之別，這些分別正是世界文明的基本特徵，植根於不同文明土壤上的制度、道路的多樣性及相互交流借鑒，正是人類社會進步的動力。"

中華文化：土壤與果實

◇◇◇◇◇◇

問　習近平指出，制度、道路的多樣性，"植根於不同文明土壤"。看來，中國習慣從文化土壤的角度來解釋國家發展道路和制度特徵。

答　確實這樣。國家道路的選擇和塑造，不只是經濟政治領域的選擇和塑造，也是文化上的選擇和塑造。

中國道路在發展上有一個總佈局，叫建設社會主義"市場經濟、民主政治、先進文化、和諧社會、生態文明"。有時候，也改換話語方式，用"文明"來代稱，說成是建設物質文明、政治文明、精神文明、社會文明、生態文明。

文明既是歷史創造的積累，也是現實創新的土壤。

就生態文明建設來說，歷史上，我們的祖先就很推崇人與自然的和諧相處，提出"天人合一"的理論。新時代中國，圍繞為甚麼建設生態文明、建設甚麼樣的生態文明、怎樣建設生態文明，有許多新的思考。

比如，生態興則文明興、生態衰則文明衰，這是"生態歷史觀"；"綠水青山就是金山銀山"，這是"生態發展觀"；環境即民生、青山即美麗、藍天即幸福，這是"生態民生觀"；人的命脈在田、田的命脈在水、水的命脈在山、山的命脈在土、土的命脈在林和草，這是

"生態系統觀";建設生態文明的目標,則滲透著濃郁的審美意味,叫
"美麗中國"。

這些思考,是推進中國生態文明建設的價值觀和方法論,也是中
國道路的一種文化立場表達。

中國道路的生態文明建設實踐,豐富多彩。讓生態美成為吸引投
資的"金名片",追求高質量的生活和發展空間,已經成為普遍行動。

河北省有一個井陘縣,最多的時候曾有 400 個煤礦企業粗放開
採,把生態破壞得千瘡百孔。當地政府下決心通過兼併重組的方式,
把煤礦企業壓縮減少到 6 家,並且全部採用新的生產線,實現無塵開
採、無塵加工、無塵運輸。

當地政府還整合當地的傳統古村落、非物質文化民俗、原始的風
景名勝等生態資源,在崇山峻嶺之間,建成一條全長 60 餘公里的古
村落旅遊環路。沉睡千年的古村落群被激活了,一些新型產業投資項
目紛至沓來,一條新的"經濟帶"呼之欲出。

◇◇◇◇◇◇

 你在前面講中國道路形成過程時,說它是在對中華文明 5000 多
年的傳承發展中"走出來"的。我不明白,講一個國家的發展道路,
一定要追溯到幾千年的歷史文明當中嗎?

答 這涉及怎樣看文明傳承和現實發展的關係。

人們一提到國家,就會想到西方意義上的現代民族國家。但中國
不是簡單的民族國家,而是具有自己獨特文明傳承的國家範疇,是
"多元一體"的中華民族共同體。

　　中國歷史上基本上以文化認同塑造民族認同。是否是中華民族一員，不是靠族群、區域、宗教來確認，而是靠文化來決定。歷史上少數民族在中原建立中央政權後，大多主動選擇繼承發展中華文明大一統體系。

　　中國有個共識：一個國家走的路子，如果是科學的有前途的，那它必然是從歷史傳統、文化積澱、基本國情的土壤裏生長出來的。

　　中國道路如果是一棵樹上的果實，那麼，這棵樹的根只能扎在中華文明的土壤裏面，人民的意願、時代的要求，猶如空氣和陽光，哺育著它的成長。

　　中國道路如果是一個人，他的腳只能站在現實國情的土地上，歷史的延伸，成為他前行的路基；文化的積澱，賦予他前行的精神氣質。

◇◇◇◇◇◇

 　　你說中國道路有實踐、理論、制度和文化四種形態。中華傳統文化對中國道路的制度形態，難道也產生了影響？

答 　　歷史文化，不光指文學、歷史和哲學這樣一些反映精神世界的成果，它還包括物質生產能力和水平、國家制度和社會治理方式，等等。像中國這樣歷史悠久、文明源遠流長的國家，它的現實發展道路不能不融進一些傳統的政治思想、社會理想、道德規範以及國家制度與社會治理方式。

　　制度屬於上層建築，它雖然來自經濟基礎，但同時也體現著特定意識形態屬性。任何制度體系的設計、運作和博弈，都會有其文明的依託，都包含著價值觀的支撐。

這不只是中國人看待制度形成的視野，西方學者同樣習慣於此。馬克斯・韋伯《新教倫理與資本主義精神》一書，力圖證明的一個觀點是：基督新教是市場經濟之母。還有一本大家熟悉的書，托克維爾寫的《論美國的民主》，力圖證明的一個觀點是：基督教是美國民主之母。

這兩本書給人的印象是，西方物質（科技）文明源於其制度文明（如自由市場經濟制度），其制度文明則源於基督教信仰及其倫理內核。由此，有西方學者徑直提出："文化為體制之母。"

◇◇◇◇◇

問　　中西方制度確有不小差異，它們同各自文化土壤的關係，恐怕還需要說得具體些。

答　　從古希臘開始，歐洲的土地上便呈現出城邦林立的地域格局。各城邦勢力相近、缺少強勢核心，這就意味著，每個城邦之間高度獨立，容易形成政治上分權制衡制度。

歐洲認識世界的方法，強調實證和數理分析，形成 "非此即彼" 的判斷習慣和 "一分為二" 的思維模式；在處理個人和社會的關係上，更多地推崇個人自由，乃至走向 "物競天擇，適者生存"。這樣的文化土壤，多多少少影響了西方國家的制度選擇和塑造。

與西方傳統不同，中國人喜歡探尋天下一統，政治上多採用中央集權制度，思想上推崇包容與融合，進而形成 "天下為公" 的社會理想，即天下是大家共有的，要培育和睦的社會氣氛。

　　這些文化基因，大多沉澱到近代中國人的政治理想當中。19 世紀末搞維新變法的康有為，在其《大同書》中便推崇儒家經典《禮記·禮運》說的“大道之行也，天下為公”思想，提出“大同之道，至平也，至公也，至仁也，治之至也”。意思是，要按照人類發展普遍規律來治理社會，就必須承認天下是人們共有的，而不是誰獨有的。最理想的政治制度，是構建公平、仁愛、祥和的社會。

　　搞民主革命的孫中山，最喜歡題寫的也是“天下為公”四個字，意在傳播自己的社會理想。他題寫的“天下為公”條幅，已經發現的多達 32 件。

　　堅持和發展中國道路，搞社會主義制度，把國家看成是人民的國家，強調國家的統一民族的團結，社會的和諧，便沉澱有以上這些文化基因。

　　其他還有——

　　開創中國道路，不斷改革創新，體現了“苟日新、日日新、又日新”的精神氣象。每天都要進取創新，才能自強不息。

　　中國道路樹立的共同富裕目標，反映了“以民為本”“等貴賤”的價值追求。把人民看成國家發展的根本，平等相待各個社會群體。

　　中國道路強調依法治國，則沉澱了“立善法於國”“奉法者強”的政治基因。國家法度要鬆緊適度，便於人們遵守，遵奉法度治國，國家才能強大。

　　中國道路要構建和諧社會，不難看出“老吾老以及人之老，幼吾幼以及人之幼”的人倫關係。要像尊重自己家的老人那樣尊重社會上的老人，像親愛自己的孩子那樣親愛別人的孩子。

　　中國道路推崇民主協商制度，需要“海納百川”“多元通和”的治國理政胸襟。要像大海容納無數江河一樣，包容不同意見，在廣泛溝通中形成決策。

　　中國道路實行德才兼備、以德為先的幹部選拔標準，繼承了 “任人唯賢” “選賢與能” 的用人方法。先把人品高尚的人用起來，也要把能幹的人用起來。

◇◇◇◇◇◇

問　中國道路的文化基因，是怎樣體現在普通人生活當中的？

答　文化基因就像空氣一樣，無色無味，它的影響和作用是潛移默化的。在尋常情況下，人們難以感受到它的存在。隨著時代條件的變遷，有的文化基因在現實中起到的作用不那麼明顯，有的明顯一些。

　　2015 年，中央電視台播出過一部大型系列電視紀錄片，叫《記住鄉愁》，以各地村落風貌為單元，講述普通民眾在現實生活中傳承文化基因的故事。

　　安徽省有個屏山村，歷史上一個在外做大官的鄉賢把妻子留在家裏照顧自己的母親，從那以後，這個村落便形成 “孝道傳家” 的傳統。今天，走出村子打工掙錢的人越來越多，卻始終沒有一位獨居老人，誰要是不敬養、不尊重父母，在村裏是抬不起頭來的。

　　甘肅有個哈南村，歷史上一直講精忠報國、忠勇傳家。至今，村子裏還延續著扮演精忠報國英雄岳飛的形象四處巡遊的民俗。這個村子的青年，在外服兵役、保家衛國的不少。

　　浙江有個諸葛村，著名政治家諸葛亮的後代群居於此。今天村裏的人都緊守 “不為良相，便為良醫” 的祖訓，意思是，如果不能像祖先諸葛亮那樣成為治國理政的優秀人才，起碼也要成為能夠治病救人的好醫生。結果，這種文化基因催生了當地的藥材生意。

　　重慶市有個濯水村，一直講求誠信傳統。有人到當地小賣店裏買東西，手頭沒有錢，記在賬本上就行。小賣店老闆由此記下不少賒賬本，但村裏顧客拖欠不還的事情一次也沒有發生過。

◇◇◇◇◇◇

 　　說中國道路只是受到中國傳統文化的影響，恐怕還不行。馬克思主義就是產生於西方土壤上的外來文化。

答　　中國共產黨成立以來，在思想理論上做的最大事情，就是不斷把馬克思主義中國化。所謂中國化，就是把馬克思主義基本原理同中國具體實際相結合、同中華優秀傳統文化相結合。其實，中國具體實際，就包括中國的文化實際、文化傳統、文化土壤，之所以要突出馬克思主義基本原理同中華優秀傳統文化相結合，是因為先進知識分子接受馬克思主義以後，難免要問：它和我小時候就耳濡目染的傳統文化思想是甚麼關係？它在中國文化土壤上能不能生根發芽、開花結果？

　　中國人最崇拜的本土思想家是孔子，最崇拜的西方近代思想家是馬克思。他們既有文明背景的巨大差異，更有相隔 2000 多年的時代差異。按理說，他們兩人碰在一起是會打架的，但中國卻成功地讓兩人"握手言歡"。

　　有個叫郭沫若的作家，早在 1926 年就發表過一篇小品文，叫《馬克思進文廟》。該文想象，有一天馬克思來到上海，走進供奉孔子的文廟，和孔子討論各自主張的社會理想、產業政策和富民主張，等等。討論的結果，讓馬克思感慨不已："不想在兩千年前，在遠遠的東方，已經有了你這樣的一個老同志，你我的見解完全一致。"

雖是文學想象，倒也表明，先進知識分子選擇馬克思主義以後，便試圖把兩種不同文化資源融合起來。既運用馬克思主義理論來解釋和發展中華文化，又運用中國傳統文化來印證和轉述馬克思主義理論。

◇◇◇◇◇

 中國常常講多種文明並存發展，要向先進文明學習，吸收人類優秀文明成果。這種主張是怎樣落實的？

答　　有條文化政策，叫"洋為中用"，就是把外國有用的文明成果，包括有利於中國發展進步的西方國家的治理經驗和某些體制，用到中國道路的實踐中來。

新中國成立初期，就借鑒吸收了蘇聯制度建設的一些有益經驗。改革開放後，更多地學習了西方國家解放和發展社會生產力、增強社會活力的體制。股票證券市場，在西方搞了幾百年，中國把它拿過來，很快就搞得有模有樣。中國搞過計劃經濟，知道它的優勢在哪裏、弊端在哪裏，又看到西方搞市場經濟的長處在哪裏、弊端在哪裏。綜合起來，就有了自己的特點和優勢。

價值觀演繹的 "劇本"

◇◇◇◇◇

問　要真正弄懂中國道路的文化土壤，太難了。現在應該把我們的目光投向中國文化現實面貌。人們說，西方對中國文化及其價值觀有誤解，那麼，應該怎樣描述當代中國的文化和價值觀？

答　中國人的文化自信心，現在是提上來了。即使在最時髦的市場經濟生活中，中國文化元素的成分也明顯增多。

2018 年 2 月，有個中國品牌到美國紐約參加時裝周，做了件簡單粗暴的事情，商家把 4 個方方正正的漢字 "中國李寧" 繡在胸前。就這麼個直露淺白的設計，引起中國 "95 後" 年輕人在社交媒體上瘋狂轉發。這個年齡的多數人，未必知道曾經多次獲得世界冠軍的 "體操王子" 李寧是誰，他們只是單純覺得這個設計很酷。

結果是，憑藉 "中國李寧" 這個品牌設計，專做體育服裝的李寧公司在沉寂多年之後，銷售額首次提升到 100 億元，股價漲了 3 倍。看來，將 "中國" 兩個字 "堂而皇之" 地寫在胸前，把人們內心原有的那份驕傲和認同誘發出來了。

李寧公司的做法不是個案。像華為這樣的高科技公司，在為下一代產品註冊商標的時候，也從 2000 多年前的一本書《莊子》裏，找出 "鴻蒙"（時間空間的原始狀態）這個生僻詞匯，用作自己的操作系統的名稱。他們還把自己的實驗室稱作"玄武"（古代傳說中龜和蛇組成的神靈動物）。

中國人的文化自信，在建築設計領域也有所體現。21世紀初期，國家層面的標誌性建築還依賴"鳥巢"（北京奧運會主場館）、"巨蛋"（國家大劇院）、"大褲衩"（中央電視台）這些新奇的西方設計創意。如今，情況發生了變化。新一代設計師推崇原創性，不再簡單地與西方靠近，而是融入更多的中國元素，反倒增強了其作品的國際影響力。2012年，普利茲克建築獎就頒給了中國建築師王澍。

◇◇◇◇◇

 這些故事反映的中國元素，還是些比較表面的東西。人們更想聽到的是有關價值觀的故事。中國人最在意的價值追求是甚麼？

答 文化自信，是講述中國"價值觀劇本"的前提。

價值觀是一個盤根錯節的豐富體系。其中，有的價值觀是全人類普遍追求的，諸如富強、民主、和平、安全、公平、正義、自由，等等。但是，這些價值目標通常不會一下子在所有國家全部和同時實現。

兩個劍拔弩張的敵對國家，一方追求的安全，在另一方看來，可能就是災難。通常情況下，不同國家、政黨和人群對價值目標的追求會作出相應的排序。即使同一個國家、政黨和人群，在不同的發展階段、在遭遇不同的挑戰時，價值追求的排序也會有所不同。

當殖民地人民為爭取民族獨立和自由，用武力推翻殖民統治，普遍認為是公正的、正義的。這時候，如果有人勸他們愛好和平，先不管帝國列強的欺壓，回歸秩序，去專注於追求繁榮和富強，恐怕就有些虛偽了。

當一個國家把擺脫貧窮，實現生存權、發展權，排在人權系列前面的時候，如果那些早已經富裕和發達起來的國家告訴它，應該首先解決比生存權、發展權更高層級的其他人權內容，恐怕也是不現實的。

◇◇◇◇◇◇

問　你主動提到人權問題，很好。西方最為關注的就是人權和自由。這些年來，西方對中國處理新疆、香港的事情，負面輿論比較多，說中國侵犯維吾爾族的人權和香港的自由。

答　在西方媒體大肆炒作這些話題的人，多數不了解那裏的真實面貌，只憑自己的願望發表意見，而且表達意見的時候似乎越激烈越顯出"政治正確"和"價值觀優勢"。實際上，在新疆、香港發生的事，與民族、宗教、人權、自由這類文化信仰和價值觀念沒有關係。

中國處理新疆的事情，本質上是打擊恐怖主義、阻止暴力和反對國家分裂。任何國家面臨這類現象都會採取措施平息。

不知你看沒看過 2019 年中國國際電視台播出的 50 分鐘左右的英語紀錄片《中國新疆：反恐前沿》？該片用大量真實畫面，第一次披露了許多暴恐案件的原始視頻。令人費解的是，對這部紀錄片披露的真相，西方媒體選擇了"集體沉默"，完全不予關注和報道。

在新疆發生的好事情，也屬於西方輿論懶得關注的真相。新疆現有 2.4 萬座清真寺，平均每 530 名穆斯林就有一座清真寺。2014 年以來，200 萬維吾爾族群眾擺脫了貧困。新疆的穩定和發展，使它在 2019 年吸引了 2.5 億人次國內外遊客。

這就是當前新疆的真實面貌，真實的 "人權故事"。

◇◇◇◇◇

問 推出香港版的國家安全法，外國輿論認為是改變了 "一國兩制" 的制度設計，妨礙了香港人原有的自由。

答 這是一件邏輯和事實都很清楚、簡單的事情。

2019 年香港突然爆發 "修例風波"，搞得那樣厲害，公開提倡香港獨立，呼籲外國政府幫助他們對付中國政府，甚至衝擊中央政府駐港聯絡辦公室。這些做法，肯定不能說是香港應該擁有的 "自由"。

香港是中國的一個特別行政區，實行 "一國兩制"，並不意味著它可以脫離中央政府的管制。全國人大根據自身的責任制定相關法律，正是為彌補國家安全在香港的漏洞，全面落實 "一國兩制" 的本來內涵。如果非要從人權角度說事，那麼，這恰恰是維護香港穩定和安全的 "人權故事"。

維護國家的統一和人民的團結，這是中國人最為珍貴的價值觀。團結統一，在西方或許只是個工具，比如是球隊、軍隊戰勝對方的手段。可在中國價值觀 "劇本" 裏，它們是排在前面的章節，是實現其他價值追求的基礎。

◇◇◇◇◇◇

問 亨廷頓《文明的衝突與世界秩序的重建》一書曾引用尼克松1994 年說的話："今天，中國的經濟實力使美國關於人權的說教顯得輕率；10 年之內，會顯得不著邊際；20 年之後，會顯得可笑。"你們大概會稱讚尼克松的說法。

答 可惜 20 多年過去了，如何看待中國人權，一些西方輿論還沒有走出尼克松不贊成的那種狹隘思維模式。世界上沒有放之四海而皆準的人權保障模式。在中國"人權詞典"裏，人民的幸福是最大的人權，首先要解決的是人民的生存權、實現人民的發展權，在此基礎上堅持個人人權與集體人權有機統一，整體推進經濟、社會、文化權利和公民權利、政治權利的平衡發展。

這是符合中國國情的"人權價值觀劇本"。

◇◇◇◇◇◇

問 但人們覺得，中國價值觀劇本演繹的人權故事，常常缺少人性的溫度。

答 這可能是個誤解。人民至上、生命至上，是新時代中國價值觀的新風景。2020 年抗擊新冠肺炎疫情的鬥爭中，無論老幼，每一位患者的生命都得到全力護佑，救治成功的病例既有出生僅 30 多個小時的嬰兒，也有 108 歲的老人，在湖北，治癒的 80 歲以上的老人便達3000 多位。

人民至上、生命至上的價值觀，演繹出許多溫暖人心的故事。

在抗疫鬥爭最緊急的時候，武漢大學人民醫院出現了這樣一幕：

來自上海援鄂醫療隊的劉凱醫生，推送 87 歲的患病老人王欣走出病房去做 CT 檢查。走到戶外，恰逢落日斜照，他特意停下推車，讓老人靜靜地欣賞了一次久違的美麗景色。

在醫護人員的細心照料下，痊癒出院的王欣老人一直希望能夠再次見到拯救他的劉凱醫生。半年多後，王欣來到醫院，和劉凱見面了。落日時分，兩人再次來到半年前看落日的位置，重現醫患攜手看夕陽餘暉的溫馨一幕。

習近平在抗擊新冠肺炎疫情表彰大會上，這樣總結中國人民的偉大抗疫精神："生命至上、舉國同心、捨生忘死、尊重科學、命運與共。"這幾句話，體現了個人人權與集體人權的有機統一。

◇◇◇◇◇

 "個人人權與集體人權有機統一"，這種主張西方人不大理解。

這是與西方單純強調個人自由不太一樣的地方。中國承認和維護個人自由，同時也提倡集體主義價值觀。許多人習慣把自己的行為，放在集體成敗、集體榮譽的背景中來選擇。

2020 年的新冠肺炎疫情襲來時，人們最為熟悉的一句話是"沒有從天而降的英雄，只有挺身而出的凡人"。一個叫甘如意的"95 後"女孩，是武漢一名社區醫生。她已經回到湖北荊州家鄉過春節，在武漢封城、道路封閉不再通車的情況下，硬是冒著寒風冷雨，騎著一輛自行車跑了 4 天 3 夜、行程 300 多公里，返回武漢投入工作崗位，接待病人。

◇◇◇◇◇◇

　　這樣的英雄在其他國家也會出現，但西方人不會說是體現了集體主義價值觀。

答　　西方把個人自由、個人優先擺在第一位，可能不習慣也不願意從集體主義角度來定義這樣的英雄。在中國，這樣的價值追求是普遍的，而且是有傳承的。

　　歷史上，中國人注意培養家國情懷。所謂家國情懷，就是把個人、家庭、國家三方面的安危和命運、利益和價值，聯通起來，你中有我、我中有你。這就是一種集體主義價值觀。

　　每個人都有自己的姓名權，這也是一種人權。中國人的習慣是子女承續父親的姓氏，如姓張、姓王、姓李，等等，父母按自己的願望和訴求，再給孩子取一個名。在中國，不知有多少人在自己的姓氏後面，取了"建國""國慶""建軍""援朝""躍進""文革"這樣的名字，而每一個名字背後，都是國家的重大事件。

　　"建國"，是紀念新中國成立，或者是建設祖國的意思。"國慶"，大多是在 10 月 1 日新中國成立紀念日那天出生的；"建軍"，大多是 8 月 1 日中國人民解放軍建軍紀念日那天出生的；"援朝"，大多是 1950 年 10 月至 1953 年抗美援朝運動期間出生的；"躍進"，大多是 1958 年經濟"大躍進"運動期間出生的；至於"文革"，則是 1966 年至 1976 年開展"文化大革命"運動期間出生的。有一個著名的世界級乒乓球運動員，就叫"馬文革"。這些，都是新中國的重大事件或集體記憶。

　　詳細說說叫"建國"的人。

　　據統計，從 1949 年新中國成立至今，僅浙江一個省就有 42000 多人的名字叫"建國"。浙江省的人口規模是 5737 萬，叫建國的人佔

到 0.073% 多一點。就是說，在浙江，1000 多人裏便可能遇上一個叫
"建國" 的人。中國大陸總人口是 14 億，該有多少人叫 "建國" 呢？
如果有興趣去翻閱只有 205 人的中共十八屆中央委員會的名單，你會
發現，不同姓氏叫 "建國" 的人就有 4 位。

這些叫 "建國" 的個人命運、奮鬥軌跡，他們和國家的關係，很
生動地訴說著當代中國價值觀 "劇本" 的故事。

有位 1991 年出生的石建國，是叫 "建國" 的人中為數不多的 "90
後"。他告訴記者，自己也認識幾個同名的人，但最年輕的也有四五
十歲。"我生在河南濮陽的農村，父母親是地地道道的農民，沒有甚
麼文化，給孩子取名也比較簡單，我叫建國可能就是爹媽希望我能建
設祖國。能給社會做點貢獻。"

石建國沒有考上大學，先後在雲南做過汽車修理工，在新疆做過
架橋工人，在上海的造船廠當過電焊工。他心裏一直揣著一個 "書法
夢"。2013 年，他跟著兩個哥哥在浙江溫州的一個建築工地上當抹灰
工，一幹就是 5 年。他在駐地工棚外搭了個簡易桌子，下班後便鋪上
廢報紙，拿起毛筆練習書法。幾年下來，他的字寫得有模有樣。

2017 年 5 月，石建國在一個短視頻網絡平台註冊，取名為 "溫
州抹灰哥小石"。工友錄下他練習書法的小視頻，傳到網上。他常常
穿著沾滿泥灰的工服、踩著一雙工地雨靴，有時手上和頭髮上還沾滿
粉塵，就這麼灰頭土臉地開始直播了。2018 年夏天，杭州一家建築
公司的老闆在網上看到石建國的視頻，邀請他到杭州工作。此後，每
到過年的時候，石建國都會寫下幾百副對聯和 "福" 字送給公司的員
工，成為同事們回家行囊裏一份特別的 "年貨"。

石建國說："我只是一個普通的建築工地抹灰工，並不奢望有一
天會成為書法家，但我覺得能一直堅持自己熱愛的東西，是一件很屬

害的事！"

　　這就是大多數中國人生存和發展的真實面貌，從中讀出他們的人生價值觀，並不難。中國的發展和未來，就是靠無數個普普通通的"建國"們，支撐起來的。

◇◇◇◇◇◇

問　**石建國的故事，文化味道很濃，給人的感受確實特別。**

答　我不是想說，當代中國的"價值觀劇本"演繹的都是正能量的高尚故事。更不是想說，只有中國文化體系中的價值觀才是最好的。

　　在歷史上相對封閉的時代，每種文明都有可能把自己的模式視為人類發展的價值高地。但在今天，人們有了更多比較和參照，因而也有了更多的創新和發展，並且意識到保存、維護、復興某種具有獨特性的文明體系和價值觀，並不意味著需要頑固堅持一些不合時宜的東西。

◇◇◇◇◇◇

問　**你覺得當代中國社會的精神文化，還有哪些方面需要改變和提升？**

答　今天的社會文明程度和舊中國相比，當然是雲泥之別，不可同日而語。但離我們的設想，離現代化的要求也不是沒有距離。

　　和物質文明相比，精神文明的提升要複雜許多。衡量它的發展水平，或對它進行價值評判，涉及這個社會的傳統文化、現實國情、生活習俗、道德規範、法治精神、科學意識等方方面面。

總的來說，現代化國家的國民，應該普遍擁有從容自信的心態，應該普遍把國家倡導的核心價值觀，落實到細膩的生活層面，應該普遍實現人的現代化和全面發展。

比如，可能是窮怕了，改革開放後，賺錢至上的風氣很甚。搞市場經濟所需要的法制觀念和誠信意識，還沒有普遍樹立起來。前段時間揭露出來的貪腐官員，有好幾個都把自己升官發財的前途寄託在抽籤拜佛或迷信風水上面。要知道，他們都是受過高等教育、被稱為"社會精英"的人。

在社會治理領域，人們處理公共空間中的人際關係容易強調情理，忽略規範；重視情面，輕視是非。這種傳統習俗，潛藏著法律和道德風險。

有位醫生乘電梯時，勸阻同乘的一位正在吸煙的老者不要吸煙，說電梯裏明明寫著"禁止吸煙"。這位老者不聽，出電梯後兩人爭論了幾句。老者突發心臟病，不治身亡。老者的家屬由此起訴那位醫生，要求賠償。

老者家屬為甚麼會理直氣壯地起訴維護公共空間秩序的人？因為他覺得父親死了，自己是受害一方，法律應該維護受害者的權益。要在過去，法院大多採用"和稀泥"的辦法來調解或判決，讓那位醫生多少賠償一些了事。

新時代中國，開始改變輕是非的習俗，重塑社會公共空間的價值規則。法院沒有按"受害者"意願判決，沒有讓守法者——維護秩序的人，為他人的過錯買單。

"地球村" 需要新構想

◇◇◇◇◇◇

 從文化角度，談談中國和世界的未來。

 那就從聯合國說起吧。第二次世界大戰後成立的聯合國，代表世界各國和平發展的利益。中國作為聯合國安全理事會常任理事國，深知這個組織的運轉效力關係世界的命運。

從 2019 年起，中國在國民平均收入仍然處於世界中下水平的情況下，向聯合國繳納的會費、為國際維和行動攤款份額，分別達到了 12% 和 15.2%，成為僅次於美國的第二大聯合國會費繳納 "大戶"。

中國為甚麼這樣做？因為心中有個夢想。

2015 年，在聯合國成立 70 週年的時候，中國國家主席習近平在聯合國大會上發表演講，提出構建 "人類命運共同體"。2017 年，他又以《共同構建人類命運共同體》為題，在聯合國日內瓦總部發表演講，再次重申：構建人類命運共同體，關鍵在行動。要堅持對話協商，建設一個持久和平的世界；堅持共建共享，建設一個普遍安全的世界；堅持合作共贏，建設一個共同繁榮的世界；堅持交流互鑒，建設一個開放包容的世界；堅持綠色低碳，建設一個清潔美麗的世界。

關於 "世界" 的這 5 個憧憬，既是構建人類命運共同體的途徑，也是它應該擁有的模樣。

2017 年，這個關於人類未來命運的"中國方案"，寫進聯合國安理會 2344 號決議文件。2018 年，中國把推動構建人類命運共同體，寫進了"憲法修正案"，正式上升為國家意志。

◇◇◇◇◇

 中國為甚麼提出構建人類命運共同體？

提出這個目標或者說是夢想，與人類和平與發展的共同願望有關；與人類面臨的共同難題和挑戰有關；與新興市場國家和發展中國家的崛起有關；與科技進步潮流帶來的相互交融的新發展業態和新發展模式有關。

推動建立人類命運共同體，還有文化和價值觀方面的依據。全人類有許多共同的價值追求。不同經濟發展水平、不同文化背景、不同政治制度的國家，有一些相同的善惡標準。比如，都崇尚自由、追求公正、愛好和平、向往安定和富足的生活、愛護大自然，都摒棄奴役、壓迫、暴力、貧困、環境破壞，等等。為此，新時代中國提出了一個還沒有引起西方人特別關注的新概念："全人類共同價值"，其內容包括和平、發展、公平、正義、民主、自由。這既是世界政治共有的文化基礎，也是構建人類命運共同體的價值基礎。

中華文化本來就擁有開放包容的深厚土壤，天然地親近和諧相處、共謀未來。這是中國願意並且能夠提出"人類命運共同體"方案的文化條件。

◇◇◇◇◇◇

問　　　各國立身處事，各懷利益訴求。如果缺少利益共同體，各國很難志同道合地去構建人類命運共同體。

答　　　擁抱命運共同體，當然會有利益的比較、選擇和得失。中國方案力求切近人類利益的最大公約數，主張尋找和擴大各種文明背景的"利益匯合點"，去構建不同領域不同層次的"利益共同體"，然後去掌握未來必然會看得見的共同命運。

　　實際上，中國和世界已經開始創作這樣的"文化劇本"。

　　2019 年 8 月，一部美國出品的紀錄片《美國工廠》，像一個萬花筒展示出中美兩國產業變遷、文化碰撞，進而彼此發現和包容的圖景。

　　美國俄亥俄州的代頓市，許多居民世代都在當地一家通用汽車公司裝配廠謀生，有錢買車、度假或者供孩子讀大學。雖然沒有人能通過這份工作發大財，但他們有尊嚴。

　　2008 年，工廠倒閉，工人失業了，代頓市失去了活力。來自中國的福耀玻璃集團買下通用汽車廢棄的廠房，把它改造成全球最大的汽車玻璃單體工廠。2016 年正式投產後，戲劇性地扭轉了當地人的生活。

　　代頓人感謝福耀集團為當地創造了 2200 個工作崗位。但他們的感情是複雜的。他們發現中國同事每天工作 12 個小時，每周工作 6 天甚至 7 天，不希望自己也這麼辛苦。

　　影片導演博格納爾和賴克特說："我們希望美國公眾能夠通過紀錄片理解中國勞動者，中國觀眾也能理解美國勞動者。這部影片可以成為兩個偉大文化以及兩國勞動者相互了解的橋樑，讓他們明白，雖然他們背景不同，但他們其實有許多共同之處。"

　　影片放映後，北京的《新京報》採訪了中國福耀集團董事長曹德旺，他說：紀錄片裏一個在貼玻璃膜的中國女工說，她每天工作 12 小時，一年回中國老家兩次。實際上，在外面工作的人，一年也就回家兩次，這在全中國都是一樣的，但是美國人不能理解，這是文化差異。

　　怎樣提升美國工人對中國工廠的認可度呢？曹德旺的代頓工廠開始提供免費午餐，希望員工在工廠裏"有家的感覺"。歐美企業很少這樣做。曹德旺說："想讓員工愛企業，企業要先學會愛員工。"在代頓工廠設立的免費餐廳裏，既提供西餐也提供中餐，西方人愛吃的麵包和中國人愛吃的餃子都有。美國工人可以選擇餃子，中國工人也可以選擇麵包。

　　2020 年 1 月 6 日，福耀代頓工廠舉行了一場規模不小的活動。中國駐紐約總領事黃屏先生來了，他說："儘管我們在文化、歷史方面有很多不同，國家發展方式也不一樣，但並不意味著我們不能攜手共進。"

　　美國俄亥俄州州長邁克·德瓦恩先生也來了。他向曹德旺頒發了一封認可函，肯定中國福耀玻璃集團投資辦廠給當地經濟帶來了積極影響。他說：

　　　　不管背景有多不同，雙方其實有許多共同點。

　　　　當來自不同國家的人們為共同目標而共同努力時，好事情就會發生。

◇◇◇◇◇◇

問　　"不同國家的人們為共同目標而共同努力時，好事情就會發生。"
這位美國州長說的話似乎很有道理。

答　　確實，中國為推動構建人類命運共同體做的許多事情，包括共建
共享"一帶一路"，秉持的就是這種理念。

用中國文化來解釋，"命運共同體"是關於"道"的方案，"一帶
一路"是關於"術"的方案。"道"是方向和原則，"術"是方式和途
徑；"道"是面向未來的文化主題，"術"是走向未來的故事情節。

◇◇◇◇◇◇

問　　你既然提到"一帶一路"建設，中國當初提出這個倡議有甚麼
考慮？

答　　"一帶"，是建設"絲綢之路經濟帶"；"一路"，是建設"21世紀
海上絲綢之路"。一個是中外陸上溝通橋樑，一個是中外海上溝通橋
樑。中國擁抱世界、世界走進中國，不是中國人現在才有的夢想，而
是中華文明土壤原本就有的成色。

習近平2013年9月在哈薩克斯坦第一次提出"絲綢之路經濟帶"
倡議時，是這樣開始的："我的家鄉陝西，就位於古絲綢之路的起
點。站在這裏，回首歷史，我彷彿聽到了山間迴蕩的聲聲駝鈴，看到
了大漠飄飛的裊裊孤煙。"歷史文化情懷，溢於言表。

2007年，在廣東珠江口外的海底，打撈出一艘沉睡800多年的
南宋時期的商船，取名為"南海一號"。考古學家的結論是，這艘當
時世界上最大的商船，原本是從福建泉州出發，前往新加坡、印度

等國家或中東地區做生意的，但出海不久就沉沒了。它是唯一能見證古代海上絲綢之路模樣的遠洋貿易商船。船艙內完整地保存有 6 萬至 8 萬件文物，包括瓷器、絲綢、錢幣、竹木漆器、金銀器品等生活用品。這些文物，無聲地訴說著南宋時期中國人的生活場景，也透露出 800 多年前中外溝通的一些歷史秘密。

共建 "一帶一路"，就是這樣挾帶著歷史底蘊和文化氣韻，被中國人提出來的。

這個倡議，最初是推動歐亞地區互聯互通的計劃，現在已經成為一個平台，向所有願意加入的國家和地區開放。它不僅是經濟貿易平台，也是人心相通、文化交流的平台。古人能夠做到的事情，今人也是能夠做到的。

如今，"一帶一路" 的輪廓和框架在實踐中已經比較清晰了，就好像是一幅中國畫，繪就了 "大寫意"，接下來是要聚集重點、精雕細刻，打造成一幅 "工筆畫"。

◇◇◇◇◇◇

  "一帶一路" 建設，具體有甚麼成效？

答 "一帶一路" 建設帶來的，是一種新型全球化方向。

如今，在中國和歐洲之間奔馳的貨運火車，每年達 1 萬多列。每列只需要一次報關、一次查驗，就全線放行，通達歐洲 15 個國家 44 個城市，把商品交易的時間縮短了一個星期。

這是 "地球村" 裏，頗為壯觀的 "血脈暢通" 景象。

中國的華能集團，在巴基斯坦旁遮普省的薩希瓦爾，修建了兩台 100 萬千瓦超臨界高效機組，改善了旁遮普省的缺電情況，同時還為當地提供了大約 400 個工作崗位。工人的工資，超過當地縣長的工資。在柬埔寨，華能集團用 6 年時間修建了一座大型水電站，當地很多旱地變成了水田，開始種植起水稻。

中國先後在“一帶一路”沿線國家建設了 80 個經濟貿易開發區，為當地創造幾十億美元的稅收和幾十萬個就業崗位。

這是“地球村”裏，讓人感到溫暖的“命運相通”景象。

共建“一帶一路”倡議，源於中國，但機會和成果屬於世界。

中國幫助肯尼亞修建了全長 470 公里的鐵路。在首都內羅畢到港口城市蒙巴薩列車的始發儀式上，肯尼亞總統肯雅塔說：“100 年前，英國人創造了歷史，他們在這個國家搞殖民，修了一條哪也去不了的鐵路，被稱作‘瘋狂快線’……今天我們慶祝的絕不是‘瘋狂快線’，而是將塑造肯尼亞未來 100 年的‘馬達拉卡快線’。”

“馬達拉卡”，在斯瓦希裏語裏是“自由”的意思。

◇◇◇◇◇◇

 你前面說到“地球村”，中國人似乎把世界看得越來越小。

這是個比喻。不可抑制的技術進步，使世界各國之間越來越像每天早晨起來都會見面打招呼的熟人。相互之間，也難免說些東家長、西家短的閒話，但鄰居家裏遇到甚麼難事，也會施以援手。與各家相關的公共事務，越來越需要共同商量才能辦成。一句話，世界各國，越來越像一個命運相關、互相依存的“村莊”。

在“地球村”裏，互聯網像神經，全球化像血脈，和平與發展像心臟驅動，各種利益的交匯互動猶如四肢，越來越把人類重塑成看起來像是一個能夠相互給力的 "生命共同體"。

這是人類擁抱未來，很可能遭遇的新型文明土壤。

遺憾的是，這個 "生命共同體" 的 "大腦"，還沒有發育成熟，還沒有和身體的其他部分出現整合。就像人們常說的，有的人 "身體" 已經進入 21 世紀，"大腦" 卻停留在爆發過兩次世界大戰、出現過長達將近半個世紀冷戰對峙的 20 世紀。於是，共同體的 "想法"，目前還不能和神經、血脈、心臟、四肢真正連通起來。

人類命運共同體是一個理想化、超越性的設計。貢獻這一設計的習近平說："構建人類命運共同體是一個美好的目標，也是一個需要一代又一代人接力跑才能實現的目標。"

擁抱未來，需要想象力和目標，更需要有向這個目標邁進的大腦思維和自覺。在這段看起來充滿不確定性的旅行中，人們是走向文明和價值觀認同度越來越高的 "地球村"，還是走向生活在文明和價值觀越來越衝突的 "陣地"？

這早晚都是個問題，人們也早晚會作出選擇。

第七章

變局

中國與世界

歷史不會重覆，但總在押韻。

——馬克‧吐溫（美國作家）

我說中國許多人對取代美國沒有那麼大的興趣，結果會上的人都笑了，說誰能相信呢？我只好反問："難道國際社會真的希望中國成為美國嗎？世界需要再出現一個美國嗎？"這回大家又笑了。

美國代表有點不快，說："美國怎麼啦，美國是維護世界和平的。"大家笑得更厲害了。

——傅瑩（中國外交官）

百年變局：未來已來？

◇◇◇◇◇◇

問　中國的崛起，不僅改變了自身，似乎也改變了它和世界的關係，給世界帶來了一些煩惱。

答　我曾在美國報刊上讀到這樣一個故事。有一個叫薩拉‧邦焦爾尼的美國記者，在 2004 年的聖誕節忽然發現家裏 39 件聖誕禮物中，"中國製造" 有 25 件。這讓她很困惑。於是，她從 2005 年 1 月 1 日起，帶領全家開始嘗試一年不買中國產品的日子。誰承想，沒有中國產品的這一年是糟糕的一年，全家人都盼著早點結束。到 2006 年 1 月 1 日，薩拉一家終於結束了實驗，與中國製造 "重修舊好"。

這是很有趣的 "實驗"，但它只說明中國產品在世界上的影響力。中國和世界的關係也確實在發生變化，但這不是人們生出煩惱的根本原因。

其實，當今世界面貌的改變，不比中國面貌的改變小。世界的變化，讓一向緊跟時代潮流的中國，也開始感到陌生。"世界怎麼了，中國怎麼辦？" 成為中國人經常談論的話題。

世界怎麼了？答案是世界發生了 "百年未有之大變局"。這是習近平 2018 年 6 月作出的一個重要判斷。

◇◇◇◇◇◇

 　　對世界作出這個百年變局的判斷，有甚麼依據？

 　　19 世紀 70 年代，一位叫李鴻章的朝廷大臣幾次告誡中國人，說中國遭遇了"三千年未有之大變局"。這個判斷，指當時中國遭受空前衝擊，國家地位發生根本改變；也指西方工業文明對東方農業文明，佔據了絕對優勢和主導地位。

　　從此，中國人對國際局勢的變化，一直都很敏感。21 世紀，特別是 2008 年開始的世界金融危機，導致國際格局出現新的變化。變化到今天，中國作出"百年未有之大變局"的新判斷。

　　不光是中國作出新判斷，一些國際政要也清楚地表達過類似看法。

　　法國總統馬克龍 2019 年在其外交使節會議上明確提出："我們已經習慣了一種自 18 世紀以來，以西方霸權為基礎的國際秩序。"但目前世界面臨的"是一次國際秩序的轉型，一次地緣政治的整合，更是一次戰略重組"。"是的，我必須承認，西方霸權或許已近終結"。

◇◇◇◇◇◇

　　眼前這個"百年未有之大變局"，有甚麼特點？

　　百年變局的實質，是國際力量出現深刻調整。

　　一批新興市場國家和發展中國家參與到第三次工業革命的進程當中，呈現群體性發展勢頭，促使國際政治經濟格局發生變化。"西強東弱"局面還沒有根本改變，但近代以來西方發達國家主導世界的絕對優勢逐步變為相對優勢。西方"七國集團"雖然繼續發揮作用，但

"二十國集團" 的分量越來越重。

全球經濟增長的重心開始從歐美轉移到亞洲，並外溢到其他發展中國家和地區。美國前國務卿希拉里·克林頓甚至說："21 世紀的大部分歷史都將由亞洲書寫。" 美國前財長薩默斯判斷："亞洲的崛起以及隨之而來的一切，將成為此後 300 年史書中佔主導地位的故事。"

百年變局的靈魂，是世界政治多極化和文化價值觀多元化，這種趨勢越來越明顯。

東西方冷戰時期，中間確實有道鐵幕，從政治、軍事、經濟和文化上把兩個世界隔開。現在的情況是，原屬東方陣營的各個國家，走上了不同的發展道路，而西方世界也未必是一個整體了。基辛格有句名言：我要給歐洲打個電話，卻不知道打給誰。英國退出歐盟，和歐洲大陸漸行漸遠；歐洲與美國的關係，似乎也零亂起來。一些西方國家內部，民粹主義興起，社會分裂和族群對立的旋渦越來越大。

盛行幾百年的 "西方中心論"，受到挑戰。法國總統馬克龍感慨，新興國家 "不再迷信西方的政治，而是開始追尋自己的 '國家文化'。這和民主不民主無關"。"當你的價值觀無法再對新興國家輸出時，那就是你衰落的開始。我認為目前這些新興國家的政治想象力，是高於我們的。政治想象力很重要，它具有強大的凝聚力內涵，能夠引出更多的政治靈感。"

百年變局的 "風向標"，是大國關係的變化。

百年變局的不確定性，像幽靈一樣在全球徘徊。如果說塊頭小一些的國家還能夠比較靈活地作出選擇，那麼，大國卻很難做到隨波逐流，容易成為各種利益和矛盾疊加的焦點，由此導致世界上大國關係糾結變化，相互博弈之勢加劇。

俄羅斯總統普京，2020年10月22日在瓦爾代國際辯論俱樂部會議視頻交流中說："蘇聯已經不復存在。但俄羅斯還在。就經濟體量實力和政治影響力而言，中國正積極朝著超級大國的地位邁進，德國也在朝著同一方向前進，德國已成為國際合作中越來越重要的參與者。同時，英國和法國在世界事務中的作用發生了明顯變化。某種程度上絕對主導著國際政治的美國，再也不能聲稱自己與眾不同了。美國真的需要這種例外主義嗎？像巴西、南非和其他一些類似強國也已經變得更有影響力了。"

馬克龍也說："我們必須承認，中國和俄羅斯在不同的領導方式下，這些年取得了巨大的成功。印度也在快速崛起為經濟大國，同時它也在成為政治大國。"

百年變局的重要驅動力，是新一輪科技革命和產業革命。

新一輪科技革命，催生大量新產業、新業態、新模式，加速重塑世界。人類生產活動、生活方式和國家間競爭形態開始變化。互聯網讓世界變得更小，成為"地球村"；芯片革命讓世界變得更快，人們動動手指就能完成許多複雜的工序；撲面而來的人工智能，讓世界變得更智慧，人們覺得這可能是一種"人類學"的變化，由此引發"自己還將是不是自己"的哲學疑問。

◇◇◇◇◇◇

 這個百年變局，給世界發展帶來哪些明顯的消極影響？

答 當今世界，有四個方面的明顯"赤字"，即"信任赤字""治理赤字""和平赤字""發展赤字"。

　　所謂 "赤字"，就是人類共同的正面需求和正常秩序遭遇到挑戰，應有水平出現了 "虧欠"。比如，國家關係上信任缺失；和平被衝突的陰霾覆蓋；全球治理不適應百年變局的需要，亟待調整和完善。

　　從 "發展赤字" 看，世界發展成就有目共睹，卻遭遇貧富差距拉大的危險。2020 年 1 月，全球發展與救援組織聯盟 "樂施會" 發佈最新研究報告稱，1% 頂級富豪擁有 69 億人財富總和的兩倍。即使有人從建造埃及金字塔開始，每天存 1 萬美元，到現在積累的財富，仍比世界上最富的 5 個人少 80%。

　　消化各種 "赤字" 的變革進程，充滿不確定性。一些國家的選擇出現有趣的變化：曾經相對封閉的國家，現在倡導開放融合；曾經主張自由貿易的國家，現在大搞貿易保護主義；曾經熱衷全球治理的國家，現在強調自己優先；曾經致力於多邊主義的國家，現在大搞單邊至上。

　　就像諾貝爾文學獎獲得者埃利亞斯・卡內蒂說的："舊的答案分崩離析，新的答案還沒有著落。"

問　　百年變局中，以中國為代表的新興市場國家和發展中國家，成為國際格局的重要力量，難道它們又要回到冷戰時期，成為與西方對峙的一方？

答　　確實有人至今還保持著美蘇兩大陣營對峙的冷戰思維。百年變局中，最有動力和意願並且有實力重新演繹老舊棋局的，是美蘇兩大陣營冷戰結束時的贏家。

冷戰思維在新興市場國家和發展中國家沒有市場。它們在歷史上曾是被西方"發現"進而被動塑造自身的國家，但多數並沒有得償其願，它們沒有實力和意願去搞任何形式的"冷戰"，它們並不迷戀和一味追求自己的"聲量"增加，更不想"唱衰西方"。

在二十國集團架構下，中國倡議提高新興市場國家在國際經濟組織中的決策地位；金磚國家主張國際體系多極化，國際關係的民主化，追求更包容、均衡、公正與可持續的國際經濟秩序。這些是合理的要求，也是百年變局的應有之義。而且，所有國家都明白，這是個長遠的歷史進程。

不走零和博弈的老路，走互利共贏的新路，這是百年變局往何處"變"的原則和方向。

◇◇◇◇◇◇

 百年變局中，難道就沒有不變的東西？

答 大變局不是所有的東西都要變、都會變。西強東弱的經濟政治格局目前沒有變，人類和平與發展的時代主題不會變，民族國家的基礎性地位不會變。

在變局中儘管出現"逆經濟全球化"現象，但經濟全球化趨勢也不會變。拿產業分工來說，30 年前，全球貿易中，製成品貿易佔比超過了 70%，而今天製成品貿易只佔總貿易的不足 30%。現在不是誰生產汽車、誰生產飛機、誰生產電腦、誰生產手機、誰生產鞋帽襪子的問題，而是誰生產輪胎，誰生產發動機、誰生產玻璃、誰生產電子儀表、誰生產電腦芯片、誰生產布料的問題。

　　世界的現代化潮流，已經進入如果沒有產業分工和產業協作，就難以運轉的時代。

　　"變"局不是"定"局。"變"中如何"定"，往何處"定"？還有不確定性。就是說，百年變局，預示著"未來已來"，只不過，人們現在還不完全確定它將來的樣子。

中國與百年變局

◇◇◇◇◇◇

 你說百年變局的重要標誌,是新興市場國家和發展中國家成為越來越重要的國際力量。你覺得它們的發展,和歷史上西方的崛起過程有甚麼不同?

 這些國家的發展,是在西方主導的既有體系中實現的。它們適應和把握住了有利於和平發展的歷史機遇,依靠自身的積累、勤奮與學習,從參與低層階的國際分工開始追趕。在追趕過程中,這些國家沒有依靠戰爭擴張和殖民掠奪,更不可能依靠對資金、技術與市場的壟斷。

◇◇◇◇◇◇

 中國的發展也是這樣嗎?

 當然。中國把握住了經濟全球化的歷史機遇,將自己融入世界。從產業鏈的低端做起,甚至不惜以生產 8 億雙球鞋的出口所得來,購買一架美國的波音飛機。2001 年加入 WTO,中國的發展與經濟全球化進程更加緊密相連。中國從國際貿易體系內一個輕量級的成員,快速躍升為全球第一大貿易國、全球最重要的製造業生產基地。

　　中國走的是一條和平發展的道路，是靠獨立自主、改革開放、互利共贏，讓自身發展起來的。

◇◇◇◇◇◇

問　　怎樣定位中國在百年變局中的角色和位置？

答　　中國的發展是世界百年變局的重要組成部分。中國更多的是通過改變自己來改變世界。特別是創造一條中國式現代化道路，創造一種人類文明新形態，來影響世界的歷史進程。

◇◇◇◇◇◇

問　　這個口氣是否大了些？

答　　實際情況真的是這樣的。我們之所以敢於這樣講，背後的邏輯是：中國式現代化道路破解了人類社會發展的諸多難題，比如，我們的現代化，不是走西方以資本為中心的老路，不是走西方兩極分化的老路，不是走西方物質主義膨脹的老路，更不是走西方對外擴張掠奪的老路。不走西方老路，它自然就是一條中國式的新路。這條新路明擺著拓展了發展中國家走向現代化的途徑，為世界上那些既希望加快發展又希望保持自身獨立性的國家和民族，提供了新的選擇。

　　當然，別人的選擇，重點或許在經濟發展方式和路徑上面，但經濟發展的動能從來不只是集中在物資和技術層面，它的背後必然有理論、制度、文化等方面的基礎支撐。正是在這個意義上，我們說中國式現代化道路實際上承載了一種新的文明形態。

中國通過改變自己而影響世界歷史進程，其背後的敘述邏輯還包括，在百年變局中，中國的事可能成為世界的事；世界的事也可能成為中國的事。佔世界人口五分之一的中國，是貧是富、是穩是亂、是分裂還是統一、是封建還是開放，都會成為"世界問題"。

這種情況下，誰還會把中國的事和世界上的事分開來打量呢？

消除絕對貧困，保持國內穩定，不僅是中國自身的成就，對世界也是重大利好。如果中國不採取非常措施減貧扶貧，恰好又遭遇內部動蕩，會跑出大量難民，肯定會給西方發達國家添亂，西方國家的人民是不會願意的。

發展起來的中國，對世界作出的貢獻越來越多。中國對全球經濟增長的貢獻率連續 10 多年保持在 30% 以上，成為世界經濟增長主要動力源。中國已超額完成加入 WTO 時的各項承諾，平均關稅大幅下降，接近發達國家水平。中國 2018 年的碳排放強度比 2005 年下降 45.8%，提前實現對國際社會的承諾，成為全球因應氣候變遷的骨幹力量。

中國人經歷過受窮捱餓的滋味，在自己的日子相對好過起來後，從 2006 年起，成為僅次於美國和歐盟的第三大糧食援助捐贈方，先後派出幾萬人次的農業專家，在全球近 100 個國家建立了農業技術示範中心、農業技術實驗站和推廣站。中國非但沒有對世界糧食供應造成威脅，還為全球糧食生產貢獻出"中國方案"。

中國更多的是通過各種各樣的國際條約，主動把自己的事和世界的事連在一起。從新中國成立到 2018 年，對外締結了 25000 多項雙邊條約協定，參加了 500 多項多邊條約協定。這些條約規範的對象不斷擴展，從南極到北極，上至外空下達洋底，大到維護和平小到保護稀有物種，涉及政治、經濟、文化、社會、生態各個方面。中國在國際體系中扮演的角色，已經從"旁觀者"變為"參與者"，進而成為全球治理的"推動者"和"貢獻者"。

簽訂條約協定是一回事，能不能遵守是另一回事。一個負責任大國的形象，根本上是靠能不能遵守條約協定塑造起來的。中國的形象是"說話算數"，條約一旦簽訂，便老老實實地去履行。這和美國在自己優先的考量下，只履行對自己有利的約定，甚至動不動就要退約、"退群"的做法，是不同的。

在一些重要的國際舞台，諸如二十國集團領導人峰會、亞太經合組織領導人非正式會議、金磚國家峰會、上海合作組織峰會、達沃斯論壇、"一帶一路"高峰論壇、亞洲博鰲論壇，等等，中國不斷提出一些倡議、作出一些承諾，為適應百年變局提供方案，為遭遇困難的經濟全球化注入動力，為滯後的全球治理機制增添活力。

當然，也需要量力而為。國際上有人開始用發達國家的標準來審視中國，進而提出要事事"對等"。要求一個剛發展幾十年仍然屬於發展中的國家，同發展了幾百年的發達國家"對等"，就像一場百米賽，一方已跑出 50 米，卻要求與剛剛起跑的選手"對等"，確實不是一個合理的建議。當然，假以時日，中國是會跑上來的，對世界的貢獻也會更大。

通過改變自己來改變世界，是一個慢慢積累的過程，不是說中國改變了，世界就馬上會改變。

◇◇◇◇◇

 中國仍然把自己定位為發展中國家，人們覺得不準確。看中國越來越自信的氣勢，有人覺得，中國開始了針對全球的戰略擴展，中國的外交好像也和過去不一樣了，變得強硬起來，有人說是 "戰狼式" 外交。這些，與 "通過改變自己來改變世界" 是抵觸的。

答 百年變局讓更多的國家發出自己明確的聲音。世界越來越像一個樂隊，有的國家一直在領唱，有的國家參與高音部的唱法，有的國家參與低音部的唱法，複雜的音樂主題，還會出現多元的有時候看起來不那麼和諧的唱法。只不過，參與合唱的中國，因為體量太大，它一出場，展示的身影和唱出的聲音，給人的印象鮮明一些罷了。

現在發達國家的人口有多少？歐盟 28 國共 5.12 億，北美（美國和加拿大）3.64 億，日本 1.27 億，澳大利亞和新西蘭 0.3 億，還有已經發展起來、曾被稱為 "亞洲四小龍" 的國家和地區，有 0.9 億。這就是全世界發達社會的總盤子，一共大約 11.2 億人口。

一看就明白，發達社會的總人口，比中國大陸 14 億人口還少。14 億人口參與百年變局的 "合唱"，不管在高、中、低哪個 "音部"，世界都不難聽到他們的聲音。

說出現 "戰狼式" 外交傾向，是一種誤解。中國的和平外交方針從來沒有改變。在國際輿論格局中，中國始終處於弱勢和守勢。對某些國際輿論，確實表達過不滿，基本上都是在遭遇攻擊和誣蔑的時候被迫作出的反擊。沒有說軟話，不等於就是 "戰狼式" 外交。只不過，中國人的自信，使他們可以 "平視" 這個世界了。

還可以再說透一些。過去美國和西方對中國相對 "克制"，最根本的原因也不是中國人 "韜光養晦" 和 "委曲求全"，而是中國的實力還很孱弱，不足以引起美國的擔憂。如今，隨著百年變局的到來，美國已經實現對中國戰略態度的根本性逆轉，中國靠"韜光養晦"和"委曲求全"以換取良好外部發展環境，已經變得越來越困難了。

面對來自外部的步步進逼，一會兒是中國南海的事，一會兒是中國香港的事，一會兒是中國新疆的事，接下來，還會有這樣那樣的"事"，成為打壓和"制裁"中國的藉口。中國縱然是一味謀求妥協，也緩解不了強勢進逼，不得不暫且來一個"打得一拳開，免得百拳來"。這樣做，西方世界感到不太習慣，不難理解。在中國人眼裏，倒也是正常的事情，奉行"和平外交"，並不排斥"據理力爭"。

◇◇◇◇◇◇

 中國有一個提法，說自己"日益走近世界舞台中央"。有人擔心，中國想成為國際體系的主宰者。

答 "日益走近世界舞台中央"，後面還有一句話，"不斷為人類作出更大貢獻"。兩句話連在一起，完整的意思是，中國的國際地位在不斷上升，越來越深度地參與國際體系，也越來越能夠為人類作出與自己的國際地位相適應的貢獻。

這是一種充滿道德感的國際胸懷。早在新中國成立後不久，毛澤東就說過，中國發展起來後，才能對人類作出更大貢獻。所謂貢獻，就是前面說的，為完善全球治理體系盡自己的力量，為世界提供更多的公共產品，而不是主宰世界秩序，更不是像某些大國那樣去扮演道德仲裁者的角色。

大國的發展，會吸引世界舞台的燈光，比從前更多地投映到自己身上。"走近世界舞台"，指的就是這種必然趨勢。中國人是謹慎的，說的是"走近",也就是靠近的意思,而不是聽起來容易誤解的那個"走進",那是"進入"的意思。在中國語言裏,"走近"和"進入"是兩個不同的概念。也就是說,中國並沒宣稱自己要進入世界舞台中央扮演主導角色。

全球治理的話語權,根本上還是西方在主導。作為最大發展中國家,中國只是希望自己的關切能夠讓世界明白和理解。某些做法雖然也帶來國際影響,但中國的目的,不是也不可能是把現有的國際體系推倒重來,重新撰寫完全不一樣的"劇本",而是和各國一道努力去完善既有的"劇本",讓百年變局往好的方向發展,讓這個世界變得更好。

◇◇◇◇◇

問　不重塑國際體系,或許是因為中國還處於崛起過程中,將來很難說,有人擔心出現"權力轉移"。

答　百年變局的實質,不是權力轉移。

多元並存是中國傳統的處世哲學。歷史上,中國曾經歷幾百年的"戰國七雄"並存時期,每個諸侯國都試圖崛起。當時有兩種崛起途徑,一種是"王道",靠仁義和公平競爭;一種是"霸道",靠武力壓制別國。雖然七國中的秦國,靠"霸道"崛起後征服了六國,但短短不到 20 年時間,原先被征服的六個諸侯國就叛亂了,秦朝迅速滅亡。

從那以後,在 2000 多年的時間裏,歷史學家都在研究秦朝崛起後迅速滅亡的原因,得出來的結論是:靠"霸道",根本上不可能讓一個民族、一個國家實現長治久安的穩定和復興;只有靠"王道"的崛起，才會被別人接受。這個歷史結論，影響至今。

西方喜歡用中國 "崛起" 這個概念，這樣說也沒有甚麼不對。中國人用得更多的概念是 "復興"。中國的復興之道，與世界的和平發展之道 "並行而不相悖"，是可能的。中國在自己的內政上，尚且會創造 "一國兩制" 的構想和實踐，肯定要比希望按自己的模式塑造世界的國家，更有雅量地看待事實上存在的 "一球多制"。

西方有人擔心，"未來會生活在一個由中國主宰的世界"。對這種擔心，中國人感到很吃驚。百年變局中，世界權力在分散化、扁平化，而不是從一個國家轉移到另一個國家。"權力轉移" 的觀點是零和博弈的舊思維。中國主張世界多極化、國際關係民主化，維護多邊主義，對權力遊戲不感興趣。

我注意到，西方一些朋友，事實上擔心的是中國將來會變成另一個美國。這裏，我想引述中國外交官傅瑩女士曾談到的一次經歷：

> 在阿斯彭部長論壇上又談到中國與美國的關係時，我說中國許多人對取代美國沒有那麼大的興趣，結果會上的人都笑了，說誰能相信呢？我只好反問："難道國際社會真的希望中國成為美國嗎？世界需要再出現一個美國嗎？" 這回大家又笑了。
>
> 美國代表有點不快，說："美國怎麼啦，美國是維護世界和平的。" 大家笑得更厲害了。

的確，世界有一個扮演主導角色的美國，就已經夠麻煩了。人們真的不需要更不希望，跑出來另一個像美國那樣在 "地球村" 裏說話辦事的國家。

◇◇◇◇◇◇

 但中國的崛起，還是讓人感到疑懼，無論是周邊國家還是西方國家，都有一種焦慮，感到是一種威脅。

答 對中國的崛起，有國家感到憂慮，是可以理解的。任何國家的崛起都會引發別人的憂慮，因為總會有利益上的交集和糾結。

比如，從 2017 年起，中國不再進口任何國家的垃圾廢品。過去進口，是因為進口經過處理還能利用的垃圾，經濟上比較划算，對自身環境的影響考慮得少一些。現在，中國產生的類似垃圾越來越多，而我們生存的環境再也經受不住損害，進口垃圾，在經濟上也不划算了。

對中國來說，這是一種發展和進步。而一些利益相關國家卻不得不另想辦法處理自己的垃圾。它們有想法、有憂慮，很自然。如果在憂慮中，把中國的進步看成威脅，進而生出埋怨和敵視，甚至引申到國家生存和發展之爭，那就離譜了。

沒有一個國家天生歡迎別的大國崛起。特別是那些在發展水平上長期佔絕對優勢、長期擁有話語權、長期獲得世界發展紅利的國家，更不可能放鬆對任何一個崛起大國的警惕和焦慮。中國對此有心理準備，而且有足夠的耐心，一點一點地把自己的事情做好。

能擺脫困擾嗎？

◇◇◇◇◇◇

問　　似乎有必要專門談談中國和美國的關係。基辛格講的"中美關係再也回不到過去"，常常被中國人引用。這大概是中美兩國面對百年變局的一個困擾。當前的中美關係，應該如何描述？

答　　亨廷頓在《文明的衝突與世界秩序的重建》中文版序言中說過這樣的話："人類歷史上，全球政治首次成了多極和多元化的。在這樣一個多元化的世界上，任何國家之間的關係，都沒有中國和美國之間的關係那樣至關重要。"

中國也把中美關係看成最重要的雙邊關係，定位為最重要的"大國關係"。

中美兩國，一個是最大的發展中國家，一個是最大的發達國家；一個綜合國力迅速上升，一個實力依舊超強但顯露疲態；一個努力獲取與自身發展相稱的影響力，一個很不情願與他國保持平等和尊嚴的關係；一個擁有東方式的古老政治文化傳統，一個飽受西方文明和基督教滋養；一個說要實現中華民族"偉人復興"，一個說要讓美國"再次偉大"。

兩國之間出現各種各樣分歧、摩擦，乃至一定程度的衝突，並不意外。

我比較贊成中國學者張宇燕的觀點，他說：100 年後的歷史學家，在回顧人類目前正在經歷的這段歷史變遷時，可能性比較大的是把百年變局概括為 "以中國為代表的東方的復興和以美國為代表的西方對東方復興的回應"。

第二次世界大戰結束後，美國的對華政策大致經歷了四個階段。

第一階段是冷戰格局下的 "戰略衝突"，到 1972 年尼克松訪華結束。第二階段是冷戰格局逐步走向消解過程中的 "戰略靠近"，到 1989 年至 1991 年東歐劇變和蘇聯解體結束。第三階段是 20 世紀 90 年代開始，在經濟全球化背景下的 "戰略接觸"。現在，美國已經正式放棄 "戰略接觸" 政策，轉而採取一種尚未定義清楚的 "戰略競爭" 或 "戰略博弈"，使中美關係進入第四階段。

進入第四階段的標誌，是 2018 年美國政府相繼發佈的《國家安全戰略報告》《國防戰略報告》等政策文件。這些文件明確把中國視為主要對手、競爭者、修正主義國家，把中國和俄羅斯作為長期對手。美國對華政策的質變已經出現，中美關係進入不確定地帶。這大概就是基辛格說的 "中美關係再也回不到過去" 的意思。

美國追求的是遏制為主、合作為次，或者叫作全面遏制、有條件合作。中國希望雙方能夠建立競爭與合作的關係，或者是有準備的平等競爭、有邊界的平等合作。雙方的選擇，現在還沒有形成定局，正在經歷 "陣痛期"。

◇◇◇◇◇◇

問　　一般認為，美國出現戰略轉變，是因為它覺得此前的 "戰略接觸" 失敗了，不僅沒有按預期的方向改變中國，反而讓它崛起了。

戰略接觸沒有改變中國是一個原因，但不是根本原因。1972年，尼克松和基辛格實現對華關係的突破，其初衷並不是今天人們說的那種天真期待，即通過接觸改變中國的政治制度。美國的目的很現實，也很明確，就是在美蘇冷戰對峙中，通過和中國的接觸，對蘇聯形成某種牽制，以加強自身的地位。

　　20世紀80年代末90年代初，蘇聯東歐發生劇變以後，美國才轉而期望中國的發展方向發生改變。但無論中國是不是按美國的意願塑造自己，只要中國仍在崛起，只要中國的發展讓美國覺得對自己不利，它就不會坦然面對。

　　這不是孤立的推論。看看蘇聯解體後，美國如何對付俄羅斯就明白了。中國和俄羅斯是很不一樣的國家，兩個國家為數不多的相似之處在於：都是大國，都不想成為美國勢力的範圍，政治制度也與美國不同。任何具備這三個條件的國家，都會被美國視為競爭對手，實行戰略遏制和政治打壓。

　　如果一個國家僅僅是政治制度與美國不同，但服從美國的安排，它是可以容忍的；如果一個國家"塊頭小"，政治上的分歧對立也是可以容忍的；如果你像中國、俄羅斯這樣是大國，又不跟著美國跑，還和美國存在制度上的差異，堅持走自己的發展道路，這便足以讓美國有興趣來遏制你，打壓你。

◇◇◇◇◇◇

　　和中國搞"戰略競爭"，美國應該具有其內在的依據和動力。

　　一名叫李普塞特的美國政治學家，曾經寫過一本叫《美國例外論》的書。我覺得，傳統的“例外論”思維，是美國對外衝動的重要驅動力。

甚麼是“美國例外論”？“自由帝國”“山巔之城”“地球最後和最好的希望”“自由世界的領導者”“不可或缺的國家”，等等，這些，是歷屆美國總統和政要不斷總結與灌輸給民眾的“關鍵詞”。

這些關鍵詞彰顯了美國應有的自信，同時也塑造了美國看待外部世界的一個基本假設：美國在各方面是世界楷模，因而承擔著特殊使命，注定且有資格在世界舞台上發揮獨特的領導作用。我是“白”的，和我不一樣的東西就可能是“黑”的，黑白之間不能相融。

人們不難發現一個有趣的現象，美國在國內聲稱講民主，推行多樣性，崇尚法制，看起來好像“講道理”。

拜登 2021 年 1 月在總統就職演說中呼籲：

> 我們可以把彼此視為鄰居，而不是對手。我們可以有尊嚴地互相尊重。我們可以聯合起來，停止喊叫，減少憤怒。因為沒有團結就沒有和平，只有痛苦和憤怒。……讓我們重新開始傾聽彼此，看見彼此，尊重彼此。我們必須拒絕這種事實本身被操縱甚至被捏造的文化。

說得多好呵！可惜，這只是說給美國人聽的。在處理國際關係的時候，還是習慣採用非常“不美國”的方式，忘卻了對自身的期許和願望，看不到“彼此”，也不再“傾聽”，更難“有尊嚴地互相尊重”。誰不聽話，就要“教訓”誰，而且憑“拳頭”說話，總是繞開聯合國及其安理會的決議，對其他國家實施“長臂管轄”。

這樣的“世界胸懷”，對任何新發展起來具備某種能力的國家，它拒絕、防止和遏制，也就在所難免。如果你說自己沒有任何意願和美國發生衝突，它是不會相信的，因為你具備某種能力，那就是你的意願。在美國自身的經驗中，"逢強必霸"是很自然的，於是，"修昔底德陷阱"的說法，在美國開始流行。

◇◇◇◇◇◇

 你怎麼看美國學者提出的"修昔底德陷阱"這個說法？

答 這是一個討論大國關係的話題。修昔底德是古希臘公元前 5 世紀的歷史學家，他寫的《伯羅奔尼撒戰爭史》，記述了公元前 5 世紀發生的，以雅典為首的提洛同盟和以斯巴達為首的伯羅奔尼撒同盟之間的戰爭。經過長達 27 年的慘烈較量，雅典失敗了，但勝利者斯巴達也未享受到勝利的果實，"希臘世界"從此由盛轉衰。

修昔底德認為，"使戰爭不可避免的真正原因，是雅典勢力的增長和因而引起的斯巴達的恐懼"。美國哈佛大學教授格雷厄姆·艾利森，把這句關鍵的話理解為：一個崛起中的新興強國，必然對古老的霸主發起挑戰，從而觸發世界範圍的衝突，衝突的結果會是災難性的。

這就是"修昔底德陷阱"說法的來由。我疑心，有人利用學者的歷史研究成果，當作阻擊中國的藉口。這個說法在相當程度上激活了冷戰遺留下來的"零和思維"，實際上成為"中國威脅論"的另一種表達。

◇◇◇◇◇◇

 問　難道你不覺得世界發展史上確實存在著這樣一個 "陷阱" 嗎？

答　從歷史上看，一個崛起的大國確實會引起既成大國以及周邊國家的擔憂，並出現矛盾，這是地緣政治的一個規律。如何化解所謂的 "修昔底德陷阱"，對中美兩國確實是一個嚴峻考驗。

習近平多次申明中國的主張。2014 年 1 月接受美國《世界郵報》專訪時，他說：我們都應努力避免陷入 "修昔底德陷阱"。強國必霸的主張不適用於中國，中國沒有實施這種行動的基因。2015 年 9 月在美國西雅圖演講中，他又提出：中美雙方要 "正確判斷彼此戰略意圖"，要加深對彼此戰略走向、發展道路的了解，多一些理解、少一些隔閡，多一些信任、少一些猜忌，防止戰略誤解誤判。世界上本無 "修昔底德陷阱"，但大國之間一再發生戰略誤判，就可能自己給自己造成 "修昔底德陷阱"。

有的理念和觀點，一旦被握有權力的人去嘗試運用，原本不會發生的事情就有可能發生。"修昔底德陷阱"，很可能就是這樣一個充滿危險的預設。

提出 "軟實力" 概念的美國戰略學家約瑟夫・奈說，"修昔底德陷阱" 這個論斷，"在傳達一種歷史是不可避免的感覺，其實是十分危險的"。擔任過美國駐華大使的洛德也說，"美國對中國崛起的反應過度了"。他們顯然看到了把中美拖向這個 "陷阱" 的危害。

◇◇◇◇◇◇

問　我感覺，美國對中國的抵觸和不放心，已經不是個別人的選擇。美國的政治精英，還有許多老百姓，似乎出現一種 "不喜歡中國" 的心理氛圍。

美國老一代"知華派"，像費正清、傅高義這些學者研究中國，是從"有些好感"至少是"好奇心"開始的，繼而研究中國的歷史變遷和社會變化，從真相開始來評判。今天不少"少壯派"中國事務學者，好像不是這種套路了，他們研究中國，大多從媒體上撲面而來的"黑"中國的信息收集開始，而且急於把自己的想法和情緒傳導給更多的美國民眾。

　　美國現在處於戰略焦慮期，不像以前那樣自信了。一些不大理性的情緒、觀念和聲音通過政治體系的轉化和輸出，支配著美國的對華戰略。

◇◇◇◇◇◇

 　　你說美國的一些選擇有不理性的地方？

 　　美國對中國做的事情，確實有不理性的地方。

　　華為集團是中國的高科技公司，這家公司的靈魂人物任正非，在瑞士達沃斯 2020 年年會上說過這樣一段話：

　　華為原本是親美的公司，華為今天之所以成功，絕大多數管理都是向美國學習的。我們僱用了幾十個美國顧問公司，教華為怎麼管理，使華為的整個體系很像美國，美國應該感到驕傲才是，它的東西輸出給華為帶來發展。但是，美國卻採取能夠採取的一切手段，來打壓華為，禁止美國企業向華為出口技術部件，還遊說歐盟和亞太盟友，禁止使用華為的 5G 技術。

　　2020 年 2 月 14 日，在慕尼黑安全會議上，美國官員聲稱中國試圖通過華為來輸出 "數字專制"，影響了西方國家的政治安全。中國外交官傅瑩女士當場提問：中國改革開放以來引進了西方各種各樣的技術，但政治體制並沒有受到這些技術的威脅，為甚麼華為的 5G 技術到西方國家就會威脅到政治體制呢？"你真的認為民主制度如此脆弱，會受到華為這家高科技公司的威脅嗎？" 場上響起一片掌聲，美國官員在回答這個問題時，顯然有些力不從心，很吃力。

　　任何國家都會把自己的利益放在第一位，但世界畢竟需要平等相處，不應該把自己的利益和規則蠻橫地凌駕在其他國家利益和國際規則之上。遇到問題總要講道理，通過談判來解決。美國目前的戰略焦慮，使它失去了這樣的耐心。人們已經很難看到，世界上頭號強國應有的道義高點和風度。

◇◇◇◇◇◇

問　　　中國人之所以這樣評論，或許主要原因是在中美衝突中，中國的利益受到了損害。

答　　　這是兩敗俱傷的事情。中國的利益固然受到損害，但美國的利益也不會安然無恙。美國做兩敗俱傷的事情，留給盟友和其他國家的印象，也不那麼光亮。

　　美國的戰略步驟是拉攏盟友，一起來對付中國。百年變局下，各國都有自己的感受和判斷。要求它們在中國和美國之間選邊站隊，是件強人所難且有失風度的事。結果，除少數國家聽了進去，多數國家對美國的要求實際上是應付了之。

　　新加坡總理李顯龍說得比較中肯："美國很難或者幾乎不可能取代中國，成為世界最大的供應國，就像美國自己沒有中國市場是不可想象的一樣。但中國也無法取代美國在亞洲的經濟地位。""基於這些原因，亞太國家不希望被迫在美中之間作出選擇。它們希望與雙方培養良好關係。它們承受不起疏遠中國的代價。"

　　擔任過法國總理的拉法蘭表示："我很高興看到中國有自己的雄心並取得了驚人成就。面對這個強國，我們應該問自己，歐洲是該對抗還是通過對話施加影響？"他希望歐洲不要成為中美兩國"乒乓競賽桌"上，那個被打來打去的"乒乓球"。

◇◇◇◇◇◇

　　現在都在議論中美是否可能"脫鈎"的問題，你怎麼看？

　　中國是不主張中美"脫鈎"的。在美國，"脫鈎"的議論雖不缺國內政治上的支持，但總體上很難按美國的意願做到，起碼在工業製造、經濟貿易上做不到。高科技領域的脫鈎，危險是存在的，合作空間會越來越小。如果危險降臨，也只能坦然面對。

　　為甚麼說坦然面對？這是中國從歷史中得來的心理準備和自信底氣。

　　馬克·吐溫說過一句名言："歷史不會重覆，但總在押韻。"200年前，拿破崙領導的法國，是世界上軍事實力最強大的國家，他打遍歐洲，幾無對手。於是，下決心和英吉利海峽對面的英國"脫鈎"。拿破崙的做法是，任何一艘來自英國及其殖民地的船都不允許進入歐洲大陸的一切港口。結果呢？英國反而更加強大起來。

不怕"脫鉤"的底氣，還來自中國自身的經驗。

改革開放初期，中國有一種"以市場換技術"的願望，但市場開放出去了，真正的核心技術並沒有換回來。於是，中國非常明白一個道理，就是習近平說的，"在引進高新技術上不能抱任何幻想"，"人家把核心技術當'定海神針''不二法器'，怎麼可能提供給你呢？只有把核心技術掌握在自己手裏，才能真正掌握競爭和發展的主動權"。

西方在高科技領域"卡"中國"脖子"的事情，並不少見。結果是越被"卡脖子"，越是激發出創新能力。中國太空空間站、超級計算機、北斗衛星導航系統、探月工程這些領域的進步，都是被卡脖子"卡"出來的。

中國曾經參與歐洲伽利略衛星導航系統建設，出了不少錢，但卻不讓參與核心技術，有的國家出錢少，權利卻比中國多。沒有辦法，中國只好在 1994 年開始建設自己的北斗衛星導航系統。2020 年 6 月，隨著最後一顆北斗三號衛星發射成功，北斗衛星導航系統順利實現全球組網，成為和美國的 GPS 一樣先進的導航系統。

◇◇◇◇◇

問　　不少人對中美關係的變局生出悲觀的感覺，你覺得中美關係未來演變的趨勢如何？

答　　亨廷頓說："未來的世界和平，在相當大的程度上依賴於中國和美國的領導人協調兩國各自利益的能力，以及避免緊張狀態和對抗升級為更加激烈的衝突甚至暴力衝突的能力，而這些緊張狀態和對抗將不可避免地存在。"

我們的看法是：競爭與合作並存，將是中美關係的"新常態"。

處於戰略焦慮期的美國，看來是作出了比較躁動的選擇。中美之間，"緊張狀態和對抗將不可避免地存在"。中國的發展遇到的阻力和危機強度，將遠超此前，只能主動識變，努力爭取一個好的外部環境，態度是"不惹事，不怕事"。

競爭雖然在所難免，但合作才是"正道"和"大道"。美國的國家利益向世界延伸最遠、輻射最廣，一個更有秩序、相互合作的世界，肯定比一個充滿不確定性的世界，更符合美國的利益。

儘管美國攻勢凌厲，但中美雙方都願意而且能夠管控危機。就像有些西方輿論說的那樣，但願美國最終意識到"中國是甚麼樣子，就是甚麼樣子"。雙方關係雖然回不到過去，但掙脫當前的困擾，也不是沒有辦法。事實上就是兩句話：要"公道"不要"霸道"；大國應該有大國的樣子。中國和美國，畢竟都是成熟而偉大的國家。

路走對了，誰還怕行程遙遠！

◇◇◇◇◇

問　在百年變局中，中國走向未來，有甚麼安排和選擇？

答　中國目前的所有重大決策，事實上都著眼於兩個大局。一個是國內大局，叫"中華民族偉大復興的戰略全局"；一個是國際大局，就是"百年未有之大變局"。

◇◇◇◇◇

問　中國語言很豐富，也很形象，足夠讓人揣摩許久。比如，"著眼於"是甚麼意思？

答　就是作重大決策時需要考慮的戰略背景。部署安排走向未來的重大舉措，首先要考慮的是，在國內，是否有利於推動中華民族復興的歷史進程；在世界，是否能夠因應百年變局的趨勢和大勢。

能否把這兩個大局聯結起來，作出正確的決策，還涉及對"戰略機遇期"的認識。

◇◇◇◇◇◇

 "戰略機遇期"這個概念，好像不是新近才提出來的。

　　這是在 2002 年就已經提出來的一個判斷。中國一向注意自身發展同歷史趨勢和國際環境的關係，以免落後時代或超越時代。有時候，喪失了時代機遇，再去做某些事情，要麼是事倍功半，要麼是欲速則不達。2002 年的設想是，新世紀頭 20 年是發展的戰略機遇期，要抓緊全面建設小康社會。

　　如今 20 年過去了，全面小康社會也已建成。隨著百年變局的到來，中國自然會思考這個戰略機遇期是不是還存在，下一步的工作重點是甚麼？經過反覆觀察和研判，得出的結論是：在當前和今後一個時期，仍然處於重要戰略機遇期，但機遇和挑戰都有新的發展變化。

◇◇◇◇◇◇

這又是中國語言的微妙處。必須要解釋一下，才能懂。

　　說 "中國發展仍然處於重要戰略機遇期"，意思是百年變局仍然是中國發展的機遇，中國要做的是在一個不穩定不確定的世界中，依然把重心放在發展上面，以塑造可以預期的未來，為不確定性的世界注入確定性。

　　說 "機遇和挑戰都有新的發展變化"，意思是過去中國的發展水平低、和別國的經濟互補性強，因此能夠順勢而上，再加上環境相對穩定，看清機遇和把握機遇比較容易；現在發展起來了，和別國的競爭多起來了，再加上百年變局中出現的一些不確定性，好比是逆風而上，遇到的挑戰有時是風高浪急，把握機遇的難度增加了。只有準確認識變局、科學適應變局、主動創造新局，才能把握住戰略機遇。

◇◇◇◇◇◇

 在戰略機遇期，中國有哪些不變的東西？

中國有一個說法，叫"戰略定力"。所謂戰略定力，根本上是堅持和發展中國道路的信心和定力。

如何看事實上存在的中西方競爭關係，有多種觀點。概括起來，分別有"經濟利益之爭""科技創新之爭""國家地位之爭""政治制度之爭""意識形態之爭"，等等。歐盟將中國定位成"制度競爭者"，有的翻譯為"系統性競爭者"；美國白宮的一位官員甚至說是"文明之爭"。

這些競爭，多多少少都有一些。但根本上可歸結到國家發展道路之爭。

道路決定命運。既然中國道路已經把中國引領到從未有過的高地，百年變局無論怎樣變，都沒有理由去改變它，相反應加倍地珍惜和維護這條道路。

西方不希望中國道路成為世界其他國家效法的榜樣，其實，中國從來沒有也不會這樣做，而是尊重各國選擇自己發展道路的自由。

中小國家或許能夠不斷變化自己的選擇，身不由己地隨著國際體系的動盪而飄移。像美國、歐盟、中國、俄羅斯、印度這樣一些國家和區域化組織，道路的重塑受外部環境影響是有限的。

◇◇◇◇◇◇

 你並不否定，中國走自己的道路還會遇到一些風險。你覺得風險主要在哪些方面？

答 從中國道路本身來講，風險來自兩個方面。一是故步自封，滿足於過去的成功，缺少活力去因應百年變局。一是在完善和發展它的過程中，處理重大事件出現戰略誤判，犯顛覆性錯誤，讓中國道路不知不覺發生方向性改變。由於中國做對了事情，這些都沒有發生。

◇◇◇◇◇◇

問 在百年變局中，中國做對了甚麼？

答 比如，全面深化改革開放，是中國道路的前進動力。習近平強調，"改革開放只有進行時，沒有完成時"。無論在甚麼樣的情況下，都會以冷靜和理智的務實態度，通過全面深化改革，一心一意推進和發展中國道路。

比如，中國沒有隨貿易保護主義和逆全球化勢力"起舞"，也沒有為各種"回頭浪"擊倒，反而以更強的彈性和韌性深化和擴大開放，來化解外部的衝擊，始終站在歷史正確的一邊。

在美國對華貿易戰 2019 年漸入高潮的時候，中國制定《外商投資法》，讓市場經濟的更高標準先於中美貿易協議在中國推開。

2020 年，中國和亞太地區包括日本、韓國、澳大利亞等在內的 14 個國家，簽署了區域全面經濟夥伴關係協定，標誌著全球人口規模和經濟規模最大的區域形成了全面經濟夥伴關係。這年最後一天，中國和歐盟又完成中歐投資協定的談判，將再次改變世界的"經濟地理"。

有人說，國家道路能否引領國家向好的一面持續挺進，短期內看領導者的性格和能力，中長期看國家的戰略定力和調適能力。遇到風險和挑戰，中國當然也會進行政策調整。就像一列奔馳的火車，遇到意外險情可以減速，甚至可以暫停，搬去橫在路基上的樹木，清理塌方的土石，釘牢鬆動的鐵軌，但無論怎樣，絕不可以為了避險而脫離軌道。

只要不脫離中國道路的軌道，有這麼深長的文明支撐、有這麼強大的執政力量、有這麼深切的復興願望、有這麼厚實的創新活力，是可以讓一趟叫"復興號"的列車駛往正確的目的地的。

◇◇◇◇◇◇

 看起來，中國人對自己的未來很自信。這種自信有怎樣的現實依據？

 從中外經濟關係上來說，中國的市場和產業規模擺在那裏，依然保持著對世界的吸引力。

美國好多政客都在給蘋果公司施加壓力，要求它把生產工廠搬離中國。截至目前，蘋果一直沒有做這件事。為甚麼？因為銷量最好的時候，蘋果需要外包工廠的峰值產量達到每天 100 萬部，這大約需要 75 萬名熟練工人。這個配套能力，目前只有中國才能比較快地把它們整合起來。

其他外國企業，仍然傾向於跟中國這個全球最大的產業鏈、供應鏈在一起。中國的產業鏈發展到甚麼程度？最近有人在網上分享自己有些像神話的經歷。一個北方城市的製造企業急需一個模具，廣東東莞一家公司接下這單業務。晚上 9 點，東莞團隊根據客戶要求開始 3D 打印，晚上 12 點打印完成後連夜發貨快運，第二天，這家北方企業就用上了這個模具。

中國產品的另一個優勢，是成本比較低。在淘寶網上可以查到，花 3 元或 4 元就能買到一把 5 米長的鋼捲尺。它的成本有多少呢？最低的只有 0.79 元。這種成本控制能力的背後，是罕見的產業分工能力。

◇◇◇◇◇◇

問　在對外開放方面，有甚麼新的舉措？

答　最重要的舉措，就是通過 "一帶一路" 建設，與世界上一切相關國家構建互利共贏的經濟交往新格局。

對外開放新格局，不光是 "走出去"，也包括 "引進來"。從 2018 年開始，中國作出一個讓世界意外的舉動：每年在上海舉辦一次國際進口博覽會。先後有 150 多個國家和地區的 3000 多家企業，帶著自己的產品來參展推銷。這個平台，為世界各國開展全球貿易提供了新的選擇。

在世界經濟史上，還沒有哪一個國家獨立舉辦過以進口為主題的博覽會。人們大都認為，貿易出口能更好地帶動本國經濟，而進口則要擔當責任，要有能力、有市場、有國民的消費需求。中國舉辦如此大規模的進口博覽會，願意同世界分享自己的市場，展示出大國應有的道義和風度，以及維護貿易自由和經濟全球化的胸懷和擔當。

◇◇◇◇◇

問 在貿易保護主義抬頭、逆全球化思潮泛起的今天,中國為甚麼如此堅定地維護和推進經濟全球化?

答 經濟全球化促進了世界各國社會生產力的共同發展,是人類作出的正確選擇,是不可改變的大勢。目前出現了反對的聲音,只要把做對的事情做得更好,理智的人們,最終會作出正確的選擇。

◇◇◇◇◇

問 談談對未來的期許。

答 世界各國正確的選擇,將決定人類共同的未來會是甚麼模樣。

一切過往,都成了一齣歷史長劇的序幕。未來的劇情,將更為可期。中國和世界,都會是這樣。

人類走在塑造未來劇情的路上,而且永遠在路上。

在路上,就有風景。巡看風景,注定要跋山涉水。

在路上,有能力的人走得快,帶來驕傲;有定力的人走得遠,能實現目標。更重要的是,只要路走對了,誰還怕行程遙遠呢?

後　記

　　怎樣講中國故事，人們一直在嘗試新的敘述方式。本書的寫法，算是一種努力。

　　起因於和一個朋友的交談，他說：你寫過幾本有關中國共產黨、新中國、改革開放的歷史和現實的書，有沒有想過，跳出按時序敘述的傳統，提煉出幾個人們最為關切或不太理解的"問題"來敘述。因為，人們閱讀中國，感知中國，常常是從"問題"開始的。

　　回想自己曾經和一些外國人討論中國的經歷，在國內一些地方講課的經歷，覺得實際情況確實如此。一般說來，人們總是先提出一些問題，然後由你來回答。回答過程中，對方偶爾有些插話提出不同看法，然後，你就會更詳細地敘述某個問題或某件事情的來龍去脈，既講道理，更講故事。這樣的講述，或許是"閱讀中國"比較直接和解渴的方式之一。

　　為此，本書設置了一個充滿疑問且身份模糊的問答對象，說話很少，但提問不乏尖銳，以求"還原"敘述場景，爭取產生一種人們說的閱讀"帶入感"。全書七章，圍繞六個大問題展開敘述，第一章"讀懂中國，難在哪？"實際上起著序篇的作用。

　　特此說明。

作者

2021 年 5 月 1 日

責任編輯	楊昊霖　鄭海檳
書籍設計	道　轍
書籍排版	何秋雲

書　　名	**問答中國：只要路走對，誰怕行程遠？**
著　　者	陳晉
出　　版	三聯書店（香港）有限公司
	香港北角英皇道 499 號北角工業大廈 20 樓
	Joint Publishing (H.K.) Co., Ltd.
	20/F., North Point Industrial Building,
	499 King's Road, North Point, Hong Kong
香港發行	香港聯合書刊物流有限公司
	香港新界荃灣德士古道 220-248 號 16 樓
印　　刷	中華商務彩色印刷有限公司
	香港新界大埔汀麗路 36 號 14 字樓
版　　次	2023 年 8 月香港第一版第一次印刷
規　　格	16 開（170 mm × 240 mm）272 面
國際書號	ISBN 978-962-04-5347-2

本書中文繁體字版本由新星出版社有限責任公司授權三聯書店（香港）有限公司
在中華人民共和國大陸以外地區獨家出版、發行。